Rhiannon Augenthaler

Das Flüstern der Meister

Bitte fordern Sie unser kostenloses Verlagsverzeichnis an:

Smaragd Verlag
In der Steubach 1
57614 Woldert (Ww.)
Tel.: 02684-97848-10
Fax: 02684-97848-20
E-Mail: info@smaragd-verlag.de
www.smaragd-verlag.de

Oder besuchen Sie uns im Internet unter der obigen Adresse.

Deutsche Erstausgabe: Juni 2011

Umschlaggestaltung: preData
Satz: preData
Printed in Czech Republic
ISBN 978-3-941363-43-4

Rhiannon Augenthaler

Das Flüstern der Meister

Smaragd Verlag

Über die Autorin

Rhiannon Augenthaler ist ein Trancemedium, ein Channel für die Lichtwesen der Geistigen Welt.

Seit frühester Kindheit hellsichtig, hat sich ihre Gabe zu channeln vor fünfzehn Jahren im Herzen der schwedischen Wälder eröffnet.

Nach weiterer spiritueller Vertiefung, unter anderem bei Dr. Joshua David Stone, hat sie in Neuseeland, Österreich, Deutschland, Thailand, Irland, England und in vielen weiteren Ländern vielen Menschen die berührenden Botschaften der Geistigen Welt vermittelt.

Rhiannon channelt sowohl bekannte Aufgestiegene Meister, die derzeit sehr aktiv die Transformation des menschlichen Bewusstseins unterstützen, wie zum Beispiel Sananda, St Germain, Kuthumi, Kwan Yin und Maria Magdalena, wie auch Yasodhara, die Gemahlin und Zwillingsflamme Buddhas, und Lady Martha, eine Weggefährtin Maria Magdalenas.

www.channeling-healing.com

Danksagung

Danke
Danke
Danke

Inhalt

Vorwort – Wer flüstert?

Eine Freundin, die deine dunkelsten Schattenseiten kennt, die Abgründe, die du noch niemals jemandem erzählt hast, die dich mag, ja, sogar liebt, und das nicht nur weil, sondern obwohl sie dich wirklich kennt?

Eine Freundin, die vielleicht gerade die Facetten deines Selbst kennt, die für dich noch im Verborgenen schlummern, und die deine Schatten wie auch dein Licht gleichermaßen liebt?

Eine Freundin, die zu jeder Tages- und Nachtzeit bereit ist, an deine Seite zu eilen, ihr eigenes Leben hintanzustellen, wenn du sie brauchst, ohne Groll, Zwang oder Bitterkeit, noch dazu ohne durch ihre Hingabe fast langweilig zu wirken; dabei stets humorvoll, optimistisch, guter Dinge, voller Weisheit, Inspiration, stets eine Lösung auf den Lippen?

Sie lacht mit dir während der guten Zeiten, hält deine Hand und trocknet deine Tränen, wann immer karge Zeiten und Entbehrungen dich heimsuchen. Ist dies ein Wunsch, den du vielleicht schon lange gehegt, dir aber nie wirklich zu erträumen gewagt hättest?

Wenn dir jemand sagt, dass es sie gibt, dass es sie schon immer gegeben hat, du sie nur bislang nicht bemerkt hast? Dass sie gestern Nacht neben deinem Bett stand und du sie lediglich nicht gesehen hast?

Würdest du diesen Jemand für einen Träumer halten? Für einen Lügner? Für verrückt?

Wie wäre die Vorstellung, du hättest nicht nur eine unsichtbare Freundin, die nachts an deiner Bettkante kniet und bei dir verweilt, bis deine Tränen getrocknet sind und du mit einem Seufzer der Erleichterung eingeschlafen bist, sondern gleich mehrere?

Und wie wäre es, wenn dir jemand sagen würde, dass du es lernen kannst, sie zu sehen, zu hören, mit ihnen zu sprechen?

Kannst du den Glauben aufbringen, ja, vielleicht sogar das WISSEN, dass es sie gibt, diese Wesen, die mehr als dein kühnstes Freundschaftsideal erfüllen?

Interessiert es dich,
wer diese Wesen sein könnten,
wer sie sind?

Manche Menschen nennen diese Wesen, die einen schützenden Arm um uns legen, wenn wir versehentlich bei Rot über die Kreuzung fahren, die uns einen Impuls der Verlangsamung eingeben, wenn wir wichtige Lebensentscheidungen zu treffen haben, oder die jemanden auf unseren Weg leiten, der unser Leben für immer verändern kann, wenn wir uns vielleicht einmal einsam fühlen, „Aufgestiegene Meister", manche nennen sie „Die Wesen des Lichts" oder haben vielseitige andere Namen für sie.

Manche nennen das Gespräch mit ihnen „Channeln", dieses Gespräch, das, egal, wie du es nennst, einem Flüstern innerhalb deines Herzens gleicht, das durch dich strömt, jedoch nicht „von dir" kommt.

Diese Wesen können, wenn wir es wünschen, Wegweiser sein,

Wegweiser zu Gott, Übersetzer für die Symbolsprache des Göttlichen, die sich in jeder Begebenheit unseres Lebens befindet.

SIE kennen unsere Welt, denn viele Male wandelten sie mitten in ihr, mitten unter uns.

SIE kennen das Göttliche, sie haben das Rad der Wiederholungen, das Rad des Schicksals, verlassen.

SIE sind erwacht und können, wenn wir es wünschen, unser Erwachen erleichtern und erheitern.

Diese *Aufgestiegenen Meister* können dir Dinge „einflüstern", die du allein niemals hättest wissen können, und das in einem Vokabular in poetischer Sprache, über das du nicht verfügst.

„Channeln" kann von jedem erlernt werden, wie das Spiel eines Musikinstruments oder das Erlernen einer Fremdsprache. Eine energetische Sprache wird in menschliche Worte übersetzt. Sowohl Antworten auf die Mysterien des Lebens können gefunden werden, wie auch praktische Informationen.

Ob dich der Inhalt deiner Lebensaufgabe interessiert, dein Seelenplan oder dein karmischer Werdegang, oder ob du fragen möchtest, wie du mehr Fülle und Erfüllung in deinem persönlichen Leben manifestieren, wie du den Mann deines Lebens endlich kennenlernen kannst oder was deine körperliche Genesung unterstützen könnte, die „Aufgestiegenen Meister" sind bereit, sich deiner in bedingungsloser Liebe anzunehmen.

Eine in Reinheit gechannelte Botschaft kann uns spontan zu

Tränen rühren und uns das Gefühl vermitteln, vielleicht zum ersten Mal in unserem Leben in allen unseren Facetten wahrgenommen zu werden – frei von Wertung und Erwartungshaltungen.

Das Gespräch mit diesen liebenden Wesen ist jedem von uns möglich, wenn wir ihre subtile Sprache erlernt haben.

Manches Mal kann es nährend sein, diesem Flüstern der Meister durch ein anderes menschliches Wesen, gesprochen oder zu Papier gebracht, zu lauschen und sowohl diese unendlich liebenden Botschaften in sich einfließen zu lassen, wie auch ihre energetische Frequenz in sich aufzunehmen und sich von ihr berühren und transformieren zu lassen.

Die Schwingung der Meister allein kann uns erheben, wenn wir es zulassen, kann uns dem näherbringen, dem wir vielleicht schon seit langem entgegenstreben und das die flüsternden Wesen des Lichts seit langem erreicht haben.

So, wie der Resonanzkörper einer Harfe zum Schwingen gebracht wird, wenn die Saite einer weiteren Harfe sanft gezupft wird, auch wenn sich die beiden Instrumente nicht physisch berühren, wird auch unser Resonanzkörper zum Schwingen gebracht, wenn die Wesen des Lichts zu flüstern beginnen.

Verändert sich unsere
energetische Schwingung,
folgt Wandel auf physischer Ebene.

Es ist mir eine Freude, dir, lieber Leser, liebe Leserin, das Flüstern der Meister näherzubringen, Sprachrohr und Übersetzerin für die Worte und Frequenzen zu sein, mit denen sie dein Herz berühren und, wenn du es ihnen erlaubst, auch transformieren möchten.

WÄHREND du diese Zeilen liest, bist du nicht allein, sondern von liebenden Präsenzen überleuchtet.

WÄHREND du diese Zeilen liest, werden diese Zeilen wieder gesprochen, so, als wäre es das erste Mal. Sie werden lebendig.

WÄHREND du diese Zeilen liest, werden ihre Worte, wenn du die Erlaubnis gibst, direkt in dein Herz geflüstert.

WÄHREND du diese Zeilen liest, darf, wenn du es möchtest, ein Gespräch stattfinden – ein Gespräch zwischen dir und der Geistigen Welt.

WÄHREND du diese Zeilen liest, werden Worte gesprochen, Worte zwischen den Zeilen, nur für dich und dein Herz.

Diese Worte, die zwischen den Zeilen fließen, sind das Geschenk der Geistigen Welt an dich persönlich, und sie werden auf diese Weise kein zweites Mal gesprochen werden. Denn jeden Leser, jede Leserin, begrüßt die Geistige Welt individuell, mit jeder und jedem von uns tanzen die Meister einen einzigartigen Tanz.

Wenn du möchtest, kann dein Herz von diesen Zeilen und durch die Worte dazwischen berührt werden. Der Einfachheit halber nenne ich unsere Freunde der Geistigen Welt Meister. Selbstverständlich inkludiere ich damit Meisterinnen und Meister. Meisterinnen haben mir dies, während sie mich beim Schreiben überleuchteten, nicht verübelt, sondern mir liebevoll zugezwinkert.

☆☆☆

„Geliebte Leserin, geliebter Leser, wir sind die Wesen des Lichts und gestalten dieses Buch in gemeinsamer Co-Kreation miteinander – mit euch und mit Rhiannon.

Wir gestalten diese Zeilen, Worte, Energien und Schwingungen gemeinsam, manchmal spricht einer von uns, ein anderes Mal sind es mehrere.

Denn auf unseren im Außen so verschiedenartigen Wegen erreichten wir letztendlich alle das gleiche goldene Tor der Weisheit, denn alle Wege führen zu Gott."

Aus diesem Grund werdet ihr manchmal „wir" und manchmal „ich" lesen, wenn die Meister sprechen, wann welcher Meister zu einem Thema spricht oder einer Gruppe von Meistern lauschen.

Die Meister und ich laden dich ein,
dieses Buch mit den Augen deines Herzens zu lesen.

Mit Licht und Liebe, Rhiannon

Vorwort – Wir, die Aufgestiegenen Meister

Durch jede und jeden von uns wollte sich die Genialität und Einzigartigkeit der Göttlichen Quelle offenbaren. Es gibt so viele spirituelle Wege, wie es Menschen gibt, keinen besseren oder schlechteren, keinen richtigen oder falschen.

Wer wären wir, den Weg eines unserer geliebten Brüder als „unspirituell" oder nichtig zu bezeichnen?

Wie könnte es möglich sein, hier eine Trennung zu definieren, wo „spirituell" beginnt und wo es endet?

Ist Gottes Thymusdrüse heiliger
als sein großer Zeh oder sein Fingernagel?

Der Priester der Straße ist genauso kostbar
wie der Priester des Tempels.

Jeder von euch irdisch inkarnierten Menschen ist ein Meister oder eine Meisterin der Zukunft, jeder, der dies möchte. Ihr seid irdische Meister, sobald ihr euch daran erinnert, sobald ihr euch dafür die Erlaubnis gebt.

Der Weg der Meisterschaft
ist kein Weg für Auserwählte.

MEISTERSCHAFT bedeutet lediglich, den Mut zu haben, sich auf die Bewusstseinsebenen oberhalb der Illusion des Leidens zu erheben, von der Illusion der Trennung in das immerwährende Bewusstsein des All-Eins-Seins einzutauchen.

ES kann bedeuten, über die eigenen Manifestationen schmunzeln zu können.

ES kann bedeuten, einen anderen Reisenden an die Hand zu nehmen, sodass dieser, durch diese Berührung inspiriert, seinen ureigensten Weg der Befreiung entfaltet.

MEISTERSCHAFT kann bedeuten, nichts zu bereuen, die Vergangenheit nicht umgestalten zu wollen, in diesem Atemzug die unvollständige Perfektion der Unendlichkeit zu erfassen.

MEISTERSCHAFT ist Absichtslosigkeit, wertfreie bedingungslose Liebe gegenüber allen Facetten der Universen und der göttlichen Pläne.

MEISTERSCHAFT ist, seinen Platz im Leben, seine Mitte, seinen Herzensraum zu finden.

MANCHE von uns erhielten ihre Meisterschaft auf den Gipfeln der Berge in der Abgeschiedenheit eines Klosters, andere inmitten der Turbulenzen des Marktplatzes, Auge in Auge mit unseren Brüdern und Schwestern.

MANCHE von uns erblühten im Dienst am Nächsten, andere feierten die Fülle der Existenz und den Genuss des Geschenks des Lebens.

MANCHE von uns erwachten in friedlicher Stille an den Wurzeln eines Baums, andere inmitten der Erfahrung starker physischer Schmerzen.

MANCHE von uns waren mit Bedingungen gesegnet, die ihr als ideal bezeichnen würdet, andere erwachten im Angesicht größter Widrigkeiten.

So, wie wir es konnten, könnt ihr es.

MEISTERSCHAFT ist das Abstreifen eines Gewands, das euch lange diente, in Vorfreude darauf, nun eine neue Farbe zu tragen, einen neuen Schnitt. In einem Gewand weiterzuschreiten, das sich jetzt als dienlicher entpuppt, ohne dass das vorher Dagewesene schlechter gewesen wäre.

Wir sind euch so nahe wie eure Füße und Hände. Wir sind hier und jetzt mit euch, befinden uns aber auf einer anderen Dimension, die weniger physisch schwingt, jedoch unzertrennlich mit der eurigen verflochten ist.

Jetzt, während des Aufstiegs der Erde, jetzt, während des kollektiven Erwachens der Menschheit lichten sich die Nebel zwischen unserer und eurer Dimension, nähern sich die Dimensionen einander, sodass ihr uns, wann immer ihr bereit seid, mit den Ohren hören und mit den Augen sehen werdet.

Mit Freudentränen in den Augen werden wir euch umarmen, denn unsere Liebe zu euch ist unendlich und unbeschreiblich. Bis dahin werden wir geduldig flüstern.

Von Herz zu Herz.

Wenn dir unser Flüstern willkommen ist,
so flüstern wir mitten
in das Zentrum deines Herzens hinein.

Wenn zwei Menschen die reine Stimme des Göttlichen in ihrem Innersten vernehmen, könnte dies energetisch folgendermaßen aussehen:

Stell dir vor, einer dieser Menschen hat den Grundton Violett, der andere Gelb. Beide werden von goldenem Licht durchflutet.

So wirkt auf den Betrachter das daraus Entstehende goldschimmernd violett beziehungsweise goldschimmernd gelb. Die göttlichen Botschaften enthalten also die individuelle Färbung des jeweiligen Menschen.

Je tiefer ihr euch in euren innersten Kern versenkt, in den Teil, der niemals jung war oder alt wird, desto mehr begebt ihr euch an den Ort, an dem ihr das reine Gold empfangen könnt, losgelöst von eurer individuellen Botschaft, losgelöst von eurem eigenen Tanz, eine Perle im göttlichen Ozean zu sein.

Mithilfe dieser kleinen Analogie möchten wir illustrieren, dass alle Menschen ununterbrochen, auch dann, wenn sie sich dessen nicht bewusst sind, bereits göttliche Botschaften empfangen, die gleichzeitig ihre individuelle Färbung enthalten können. Während das gesamte Farbspektrum göttlicher Natur ist, gibt es den goldenen Kern, der von Menschen aller Farbschwingungen erreicht werden kann. Je tiefer sich ein Mensch in das Zentrum seines Herzens einlässt, desto weniger werden die durch ihn fließenden Botschaften von seinen persönlichen Neigungen, Präferenzen, Meinungen und Erfahrungen geprägt oder gefärbt sein.

Wenn du jedoch in deinem Herzen göttliche Objektivität suchst, wirst du diese nicht immer in der Form finden, in der du sie vielleicht erwartest, denn das Göttliche liebt die Facetten der Existenz und würde diese niemals durch eine einzige Objektivität einschränken wollen, sodass vieles parallel wahr sein kann, was dem Wort „Falsch“ aus göttlicher Sicht eine andere Bedeutung verleiht.

Parallel bedeutet für uns nicht widersprüchlich, sondern ergänzend.

Niemals wäre es unser Anliegen, euch Menschen durch dieses Buch ein weiteres, vielleicht starres Konzept des Lebens, der Existenz, des Universums, des Göttlichen zu vermitteln.

Die Begrenzungen der verbalen Sprache, die Definitionen und somit auch die Limitierungen innerhalb eines Wortes könnten jedoch diesen Anschein erwecken.

Wir möchten betonen, dass diese Zeilen eine Übersetzung unserer Lichtsprache in die menschliche Sprache sind und die Botschaften, die wir euch übermitteln möchten, weiter und dehnbarer sind, als Worte es ermöglichen.

Wir laden euch ein, alles, was durch Worte nicht ausgedrückt werden kann, innerhalb der Weite eures Herzens zu erkennen.

Auch sind in den Zeilen dieses Buches nicht ALLE Botschaften enthalten, die wir euch offenbaren möchten. Die unendlichen Horizonte der göttlichen Existenz sind so facettenreich, dass sie niemals in einem einzelnen Buch erfasst werden könnten.

Es ist unser Herzenswunsch, dir, geliebte Leserin, geliebter Leser, zwischen den Zeilen immer wieder etwas einzuflüstern, was nur für dich persönlich bestimmt ist. Das wird auf die Weise geschehen, wie du persönlich unser Flüstern am besten wahrnehmen kannst.

VIELLEICHT hörst du es.

VIELLEICHT geschieht es über deine Intuition.

VIELLEICHT siehst du plötzlich ein Bild.

VIELLEICHT steigen während des Lesens eines Kapitels intensive Erinnerungen in dir auf.

MÖGLICHERWEISE greifst du plötzlich zu einem Stift und beginnst nach dem Lesen eines Kapitels weiterzuschreiben.

VIELLEICHT kommen dir die Tränen, denn auch über diese können wir zu dir sprechen, durch sie berühren wir das Zentrum deines Herzens.

Während du diese Zeilen liest, während du mit uns die Stille zwischen den Zeilen füllst, kreierst du aus diesem Buch ein Buch, dessen Botschaften es in dieser Form nur ein einziges Mal gibt.

Ein Buch speziell für dich.

Wir laden dich ein, unseren Worten zu lauschen, die wir dir zwischen den Kapiteln einflüstern und die dir persönlich gelten.

Unsere Worte an dich, die dich dort abholen, wo du genau jetzt bist, um dich, wenn wir dürfen, an den Ort zu begleiten, den aufzusuchen du ersehnst.

Illusion und Wirklichkeit

Für viele Menschen der heutigen Zeit werden die illusionären Aspekte der Trennungsrealitäten, die über einen langen Zeitraum das Massenbewusstsein geprägt haben, immer unglaubwürdiger, unscheinbarer, unwirklicher. Die Welten, die ihr mit uns teilt und die über das torlose Tor des Herzens erfahrbar werden, werden immer wahrhaftiger, greifbarer für euch.

Für viele von euch wird es von Tag zu Tag, von Stunde zu Stunde leichter, die Realität zu erschließen, die manche „das Christusbewusstsein" nennen, der ihr aber auch einen anderen Namen geben könntet: göttliches Bewusstsein, erwachendes Bewusstsein, kosmisches Bewusstsein.

Immer leichter fällt es euch, dieses zu verinnerlichen, zu verkörpern und euch in die Welt des lichtvollen Bewusstseins hineinzuversetzen – in herausfordernden Situationen zu erkennen, wie ein meisterhafter Blickwinkel die Situation beleuchten würde.

Für viele von euch ist es schon ein Leichtes, die Brücke zu betreten, die euch vom Bewusstsein der Abgeschnittenheit in ein höheres Bewusstsein führt.

Wir danken euch für eure Bereitschaft, an den Weggabelungen in eurem Leben, an denen ihr euch für Angst, Bewertung oder Widerstand entscheiden könntet, euch für Liebe, Achtung und Hingabe zu entscheiden.

☆☆☆

Wer wir sind, und wer wir nicht sind

Noch einmal möchten wir unterstreichen, dass es nicht unsere Absicht ist, eine bevormundende Rolle einzunehmen. Es ist nicht unsere Intention, euch aufzutragen, wie ihr zu handeln und zu entscheiden habt.

Keinesfalls ist es so, dass unsere Liebe euch gegenüber davon abhängt, welche Wege ihr beschreitet.

Auch ist es nicht unser Anliegen, euch gegenüber eine elterliche Rolle einzunehmen.

Wir sind Wesen des Lichts, gekleidet in transparente Körper der tanzenden Energien, wandelnd in für euer bloßes, dreidimensional-physisches Auge nicht erkennbaren Dimensionen, die jedoch Dank eurer Innenschau und Hellfühligkeit berührt und wahrgenommen werden können.

Eingeflochten sind wir in eure dichter schwingende, eine physische Realität beinhaltende Dimension, unzertrennlich verwoben, allgegenwärtig präsent.

GERNE bezeichnen wir uns als eure älteren Geschwister.

KEINESFALLS sind wir wertvoller oder kostbarer.

KEINESFALLS mehr oder weniger von der Göttlichen Quelle geliebt.

KEINESFALLS von größerer oder geringerer Wichtigkeit.

AUCH ist die Ebene, auf der ihr wandelt, nicht bedeutungsloser, die Präsenz in ihr keineswegs weniger erstrebenswert.

SIE ist eine andere Erfahrungsebene – anders, nicht schlechter.

Sie ist eine so wichtige Erfahrungsebene.
Kostbar. Wertvoll. Transformativ.

Auf dieser Ebene wandeln zu dürfen, ist ein Geschenk, auf das sich viele nicht inkarnierte Seelen bereits freuen. So, wie auch ihr heute das irdische Dasein erfahrt, wandelten alle von uns, die wir in diesem Buch zu euch sprechen, auf den irdischen Pfaden.

Die Fragen, die euch auch in der heutigen Zeit bewegen, beschäftigten uns damals auch auf diesen Pfaden, und während wir unsere individuell durchaus verschiedenartigen Verstrickungen erlösten, erfuhren wir, was ihr als Meisterschaft bezeichnen könnt.

NACHDEM WIR viele Labyrinthe des Lebens durchschritten hatten, offenbarten sie sich,

die Antworten.

NACHDEM WIR viele Berge des Lebens erklommen hatten, offenbarten sie sich,

die Horizonte.

NACHDEM WIR viele Wasser des Lebens durchquert hatten, offenbarte sie sich, *die Tiefgründigkeit des Göttlichen.*

NACHDEM WIR vielen Klängen des Lebens gelauscht hatten, offenbarte es sich,

das Flüstern des Göttlichen.

NACHDEM WIR viele Freuden und Leiden des Lebens erfahren hatten, eröffnete er sich,

der Sinn unserer Existenz.

Unsere Lebenspilgerreisen waren ebenso mannigfaltig, unsere Individualitäten so greifbar wie die euren. Auf unterschiedlichsten Pfaden fanden wir alle, ohne einander damals schon bewusst gekannt zu haben, unseren Weg zurück nach Hause, zurück zur Quelle, zurück zu etwas zuvor noch nie in dieser Form Dagewesenes.

Nie werden wir die Erfahrung des Menschseins vergessen.

WEDER die Freuden, noch das Leid.
WEDER die Suche, noch die Ankunft.
WEDER die Verstrickung, noch die Erlösung.
WEDER die Anhaftung, noch die Befreiung.
WEDER die Versuchung, noch die Zentrierung.
WEDER die Frage, noch die Antwort.
WEDER die Illusion, noch die Klarheit.

Nun kennen wir beide Welten. Die Erfahrung des Menschseins ist uns so präsent, als wäre es erst gestern gewesen. Die Erfahrung, ein Aufgestiegener Meister zu sein, erfüllt uns noch heute so sehr, als sei es unser erster Tag in dieser lichtvollen Dimension.

Eben weil wir dort wandelten, wo ihr euch befindet, ist unsere Verbindung zu euch, unsere Empathie, unsere Verbundenheit, unser Verständnis in solcher Tiefe vorhanden. Weil wir das Tor Meisterschaft durchschritten haben, zu dem unsere Worte nun ein Schlüssel sein können, haben wir die Möglichkeit, sanfte Wegweiser auf eurer Pilgerreise des Lebens sein zu dürfen.

Niemals empfinden wir eine Anhaftung daran, dass ihr unseren Worten lauschen oder entlang unserer Worte handeln müsstet.

Immer jedoch sind wir Willens, unsere Präsenz unterstützend zur Verfügung zu stellen. Auch wenn ihr uns 99 Mal die Tür gewiesen hättet, wären unsere Herzen beim 100. Mal so weit geöffnet, als begegneten wir einander zum ersten Mal. Wir haben Erlösung erfahren.

Unsere Liebe zu euch ist bedingungslos.
Das Tor ist immerwährend geöffnet.

Die Entscheidung, dieses Tor zu durchschreiten, liegt bei dir.

WIR lachen mit dir, wenn du ausgelassen bist.

WIR sind deine Begleiter während des Vergießens deiner Tränen.

GEMEINSAM durchschreiten wir die Täler deiner Einsamkeit.

GEMEINSAM feiern wir die Ekstase deiner erklommenen Berggipfel,

so wir willkommen sind.

Niemals möchten wir uns aufdrängen, geduldig warten wir in der Unendlichkeit, und wenn jemand unseren Namen flüstert, stellen wir unsere Präsenz zur Verfügung.

So jemand lauscht,
beginnen wir zu flüstern.

Gewählte Einweihungswege

Während unserer Meisterwerdung entschieden viele von uns, zu Inkarnationszeiten bestimmte Einweihungswege zu wählen, um über diese zur Meisterschaft zu gelangen. Diese Wege wurden für uns Schlüssel zum Tor eines höheren Bewusstseins, dem wir durch unser Sein Ausdruck verliehen.

Ich, *KWAN YIN*, wählte beispielsweise den Weg des Mitgefühls, der Vergebung und der bedingungslosen Liebe.

Dieser Weg führte mich in die Erfüllung meiner größten Sehnsucht. Nichts erfüllte meine Seele mehr, als bedingungslos liebend zu dienen, auch und gerade gegenüber den Menschen im Dienst zu sein, von denen sich andere abgewandt hatten.

Alle Einweihungswege können euch letztendlich zur Selbstliebe, zur All-Liebe, zur Gottesliebe führen.

VIELLEICHT identifizierst du dich besonders mit einem dieser Einweihungswege.

VIELLEICHT mit mehreren.

VIELLEICHT mit allen.

VIELLEICHT beschreitest du in verschiedenen Lebensphasen verschiedene Einweihungswege.

VIELLEICHT erlebst du manche dieser Einweihungswege als miteinander verflochten.

In gewisser Weise beschritten wir dadurch, dass wir einen Einweihungspfad gingen, alle Einweihungspfade.

Alle Pfade sind ineinander enthalten,
alle Pfade berühren einander.

So du vollkommen in einem Pfad aufgehst, hast du alle Pfade beschritten. Manchmal kann gerade dort, wo du zuerst deine allergrößte Blockade empfindest, dein höchstes Potenzial verborgen liegen.

VIELLEICHT ist einer deiner Einweihungswege der des Lehrers, aber du empfindest eine große Kommunikationsblockade.

VIELLEICHT fällt es dir schwer, durch das gesprochene Wort für deine Wahrheit einzutreten.

VIELLEICHT erfährst du dich als schüchtern, errötest, sobald du zu einer kleinen Menschengruppe etwas sagen möchtest.

VIELLEICHT verlierst du dich, wenn dich jemand anschaut, während du sprichst.

VIELLEICHT wirst du unsicher, fühlst dich so, als würdest du während des Sprechens den Glauben an deine Worte verlieren, obwohl du seit Jahren ihren Inhalt praktizierst.

UND einige Jahre später hat dich der Fluss des Lebens dorthin geführt, vor Hunderten von Menschen zu sprechen, Vorträge zu halten.

UND es gelingt dir! Du hast deine Angst verloren! Es beginnt dir mehr und mehr Freude zu bereiten.

Oft ist euer Einweihungsweg dort zu finden, wo vielleicht eine Wunde, eine Unsicherheit begraben liegt.

Gerade das, was euch zu Anfang noch nicht so leichtfällt, ist euer Einweihungsweg, einer eurer Einweihungswege.

Der Weg, auf dem euch vielleicht ein Zweifel begegnet oder ihr vielleicht zunächst Unsicherheit empfindet, bietet euch eine weitere Chance, über euch selbst hinauszuwachsen, eure Schwingen auszubreiten und euch in die Lüfte eures vollen Potenzials zu erheben.

VIELLEICHT zogen sich gewisse Erfahrungen wie ein roter Faden durch euer Leben.

VIELLEICHT dürfen wir dir einflüstern, wie wir deinen Einweihungsweg beschreiben würden.

VIELLEICHT, wie du ihn dir, vielleicht mit unserer Hilfe, erleichtern könntest.

VIELLEICHT hast du deinen Einweihungsweg, deine Einweihungswege, bereits gemeistert.

Viele der Einweihungswege, die wir damals wählten, sind heute genauso existent und können auch von dir beschritten werden. Natürlich waren unsere Wege und unsere Leben genauso vielseitig und facettenreich wie deine. So können wir lediglich einen Hauch des auf einem Einweihungsweg Erfahrenen in Worte kleiden.

In seiner erlösten Form ist ein Einweihungsweg freudvoll, dynamisch, ekstatisch. Du erfährst auf ihm manchmal Entspannung, manchmal ein Abenteuer. Du genießt dein Wachstum, deine Entfaltung. Du erblühst auf deinem Einweihungsweg.

Manchmal beginnt während deines Einweihungswegs eine alte Wunde noch einmal zu bluten, vielleicht eine aus einem vergangenen Leben, die noch einmal um deine Aufmerksamkeit bittet, um ausheilen zu dürfen, vielleicht eine lange vergessene Wunde der Kindheit, die eine abrundende Schicht der Ausheilung erfahren möchte.

Wenn auf deinem Einweihungsweg alte Wunden ans Tageslicht treten, kann es zu Empfindungen des Schmerzes kommen.

Es ist unser Anliegen, dich bei der Erlösung deines Schmerzes, so er vorhanden sein sollte, zu unterstützen, damit die Reise deines Lebens in Freude, Leichtigkeit und Unbeschwertheit stattfinden möge.

Pilgerreise in die Welt jenseits des Schmerzes

Vielleicht hat sich im Laufe deines Lebens, im Laufe vieler Leben, Schmerz angestaut. Vielleicht hast du diesen Schmerz beiseite gelegt, um nicht täglich mit ihm konfrontiert zu sein, um dich ihm nicht täglich ausgeliefert zu fühlen. Vielleicht hast du ihn in einem deiner Organe gestaut oder eine Handlungsweise gefunden, die dich von diesem Schmerz ablenkt.

Das ist verständlich.

Zum damaligen Zeitpunkt, als diese vielleicht unbewusste Entscheidung fiel, war es vielleicht deine beste, deine einzige Möglichkeit. Es kreierte vielleicht einen gewissen Status Quo, ein gewisses Gleichgewicht, und das Leben wirkte dadurch weniger überwältigend.

Irgendwann jedoch meldete sich dieser verlagerte Schmerz wieder zu Wort, vielleicht über einen Umweg. Vielleicht geschah dies durch einen Beziehungskonflikt, durch die Erfahrung, verlassen worden zu sein, oder durch eine gesundheitliche Herausforderung. Zu einem gewissen Zeitpunkt fühlt sich dieser nun deine Aufmerksamkeit einfordernde Schmerz unerträglich an.

Vielleicht entschließt du dich, dieser Unerträglichkeit ein Ende zu setzen und bittest uns um Hilfe. Und vielleicht, kurzfristig, vorübergehend, erscheint es so, als schmerze es noch mehr – die Einsichten – vielleicht ein energetischer Sog – dumpfe Emotionen – etwas auf physischer Ebene, woraufhin in dir der Glaube entsteht, von uns überleuchtet und begleitet zu werden, sei schmerzhaft. Vielleicht erwacht eine Angst in dir, es könnte schmerzhaft sein, unsere Unterstützung zu empfangen.

Jedoch, wenn du etwas lange unterdrückst und diesem dann endlich Aufmerksamkeit schenkst, kannst du die gesamte Intensität der Vergangenheit und der Gegenwart gemeinsam erfahren. Dann kann es den Anschein erwecken, der Schmerz beginne erst jetzt. Stell dir vor, du pilgerst mit Wanderschuhen, die drei Schuhgrößen zu klein für dich sind, einen Berg hinauf.

Zunächst schmerzen deine Füße, deine Zehen, du beißt die Zähne aufeinander und erklimmst diesen Berg weiterhin voller Entschlossenheit. Es ist dir ernst, du willst diesen Gipfel erreichen. Trotz dieser Schmerzen, obwohl dir die Schuhe zu klein sind. Während des Wanderns lässt der Schmerz nach, und du spürst deine Füße, deine Zehen nicht mehr.

So lange, bis du die Schuhe ausziehst und deine Füße betrachtest. Plötzlich siehst du die Blasen an deinen Füßen, das Blut. Deine Füße pochen, du spürst die Schwellungen.

Jedoch ist das Ausziehen der Schuhe
nicht der Auslöser.

Vergleichbar mit dem Moment des Ausziehens der Schuhe könntest du es empfinden, wenn du mit uns arbeitest. Es ist uns daher ein großes Anliegen, dir mitzuteilen, dass wir, wenn wir dich unterstützen, wenn wir dein Energiefeld behandeln, wenn wir deinen physischen Körper bearbeiten, wenn wir mit dir und an dir arbeiten, dir niemals Schmerz zufügen oder zufügen wollen.

Eventuelle vorübergehende Schmerzen im physischen, emotionalen, mentalen oder energetischen Bereich können Ausdruck deiner Illusion der Abgeschnittenheit des Göttlichen sein, eine Trennungsillusion, die sich auf vielerlei Weise manifestieren kann, bis du wieder in das Erinnern an das Göttliche, in das Erinnern an deine göttliche Verbundenheit zurückkehrst.

Innerhalb deines Lebens.
Innerhalb deines Alltags.
Innerhalb deiner Erfahrungen.

Bei vielen von euch besteht im Fall einer solchen Trennungsillusion ein Schmerz im Herzbereich. Manche von euch vermuteten, dieser Schmerz sei durch die Energiearbeit ausgelöst, die wir an euch verrichten, nachdem ihr uns bezüglich eurer Anliegen um Unterstützung gebeten habt.

Wir möchten hiermit betonen: Niemals sind wir es, die euch so intensiv bearbeiten, dass es euch Schmerz zufügen würde.

WIR unterstützen euch immer auf eine sehr dezente, sehr subtile Weise.

WIR flüstern euch etwas in euer inneres Ohr, geben euch eine Intuition, eine Eingebung, ein Gefühl, eine höhere Führung.

WIR entfernen etwas aus euren Energiefeldern, das nicht länger dienlich für euch ist und euch, wenn es bleiben würde, vielleicht erkranken ließe.

Jedoch käme es uns niemals in den Sinn, euch in einer Intensität energetisch zu behandeln, dass euch plötzlich ein stechender Schmerz durchzucken würde.

Wenn ihr derzeit Herausforderungen auf körperlicher, mentaler, emotionaler oder energetischer Ebene erfahrt, könnte es sich um Ablagerungen vergangener schmerzhafter Erfahrungen handeln, die zur Oberfläche steigen, um bemerkt, betrachtet, transformiert und losgelassen zu werden.

Im Verlauf eurer persönlichen und auch kollektiven Evolution findet ein beeindruckender intensiver Reinigungsprozess statt, den ihr global beobachten und wahrnehmen könnt und persönlich erfahrt. Auch eure physischen Körper erfahren auf die für sie jeweils passende Weise ihre Vulkanausbrüche, Erdbeben, Überschwemmungen, Stürme, Trockenzeiten, Hitzewellen, Reinigungsprozesse der schillerndsten Intensitäten, während ihr euch auf kraftvolle Weise von der Vergangenheit verabschiedet.

In dieser Zeit rapider kollektiver Veränderung, in dieser Zeit der Vorbereitung auf den spirituellen und den irdischen spirituellen Aufstieg haben manche Seelen gewählt, diese Vulkanausbrüche, Erdbeben, Überschwemmungen, Stürme, Trockenzeiten oder Hitzewellen physisch zu erfahren.

Es ist ihre Wahl,

auch wenn sie das während dieser Erfahrungen in den meisten Fällen vollkommen vergessen haben, insbesondere dann, wenn diese im Außen vorübergehend sehr schmerzhaft sind.

Alle diese Seelen erfahren Erlösung, alle diese Seelen werden sich erinnern. Keine stagniert im Leiden. Das ließe die Göttliche Quelle niemals zu.

Natürlich, wann immer ihr euch berufen fühlt, diese Seelen während ihrer Erfahrungen zu unterstützen, folgt dem Ruf eures Herzens! Zu nichts Geringerem seid ihr inkarniert, als euch diesem hinzugeben. Jedoch wisst: Wann immer ihr fürchtet, durch das betrachtete Leid überwältigt zu werden:

Dieses Leid dient dem Höchsten dieser Seele.

Wisst, unendlich viele von uns sind stetig präsent, wann immer durch einen der derzeitigen Reinigungs-, Aufstiegs- und Veränderungsprozesse der Erde eure irdischen Geschwister Leid und Schmerz erfahren. In überflutender Liebe sind wir präsent, diese Seelen zu empfangen.

Helft, helft mit einem offenen Herzen, wann immer ihr den Ruf empfindet, jedoch bleibt im Vertrauen, dass diese Seelen inmitten ihres höchsten Plans wandeln.

Helft, verankert in der Gewissheit, dass das Richtige geschieht, dass das Richtige geschehen ist, dass die Geschehnisse dem Höchsten aller involvierten Seelen dienen. Erfahrt euch in eurer helfenden Rolle als Teil des Flusses, nicht als jemanden, der in letzter Minute etwas abwenden, die Geschichte umschreiben, das Schicksal verändern oder gar einen Menschen oder die Welt „retten“ muss.

WIR BITTEN EUCH, auch in Extremsituationen:

Widersteht der Versuchung, die Welt, einen Teil der Geschehnisse, die in ihr stattfinden, oder gar Aspekte göttlicher Kreation als „falsch“ zu empfinden.

Wann immer ihr helft, so bitten wir euch, euch als Teil des göttlichen Plans zu erfahren, um gemeinsam mit dem Empfangenden Hilfe zu manifestieren, in dem Wissen, dass die Göttliche Quelle ein anderes unterstützendes Wesen gesandt hätte, auch wenn euer Weg nicht den Pfad des Empfängers gekreuzt hätte.

WIR BITTEN EUCH, empfindet es als Segen, als Ehre, helfen zu dürfen, diese Möglichkeit zu empfangen, und wir bitten euch, empfindet euch gleichermaßen als Gebenden und Nehmenden innerhalb dieses Tanzes.

WIR BITTEN EUCH, euch daran zu erinnern, dass ihr Co-Kreierer innerhalb eines göttlichen Universums seid, in dem es weder Zufälle, Fehler, noch Schlechtes gibt.

Da du dieses Buch in Händen hältst, ist anzunehmen, dass du dort inkarniert bist, wo die Menschen deiner Umgebung die Wahl getroffen haben, diese ergreifenden Veränderungen durch das direkte Miterleben von irdischen Vulkanausbrüchen, Erdbeben und dergleichen nur minimal auf „physisch-geografischer“ Ebene, dafür aber sehr intensiv auf „emotional-energetischer“ Ebene zu erfahren.

VIELLEICHT bist du eine der Seelen, die auch diejenigen, die „emotional-energetische Naturkatastrophen“ durchleben, unterstützt oder unterstützen möchte. Es ist uns ein Vergnügen, dich dabei sowohl mit unserem Flüstern, als auch mit unseren Frequenzen zu begleiten.

VIELLEICHT gehörst du zu den Seelen, die sowohl diese emotional-energetischen Naturkatastrophen selbst durchlaufen, bereits durchlaufen haben oder andere dabei unterstützen.

VIELLEICHT gehörst du zu den Seelen, die Brücken bauen, damit die Suchenden auch im Angesicht großer emotionaler Überschwemmungen trockenen Fußes ein neues, lichtvolleres Ufer erreichen.

VIELLEICHT gehörst du zu den Seelen, die sich lange gegen diesen inneren Ruf gewehrt haben, so lange, bis das „Nein" deines Egos das „Ja" deiner Seele zu sehr geschmerzt hätte.

VIELLEICHT gehörst du zu den Seelen, die sich schon lange diesem inneren Ruf hingegeben haben und die zusätzliche Unterstützung und Erleichterung anzunehmen bereit sind.

Die derzeitige Phase eurer Evolution, die derzeitigen Reinigungsprozesse bringen für viele von euch bestimmte Symptome mit sich, wie zum Beispiel Symptome im Atemwegsbereich, unter denen viele von euch derzeit auch während warmer Temperaturen leiden, Schlafstörungen, Gelenkschmerzen, Gliederschmerzen, Rückenschmerzen, innere Unruhe, Rastlosigkeit, unermüdliche Getriebenheit, Schwindelgefühle, Stimmungsschwankungen, Konzentrationsschwierigkeiten, Nervosität und Gereiztheit, Vergesslichkeit, Erschöpfung, Rastlosigkeit und dergleichen.

Diese Symptome entstehen keineswegs dadurch, dass ihr eine solch intensive energetische Bearbeitung der Geistigen Welt empfangt und dies vielleicht euren physischen Körpern zu viel wird, woraus sich starke Schmerzen ergeben. Die Ursache vieler dieser

Schmerzen hängt mit dem beschleunigt stattfindenden Evolutionsprozess zusammen, währenddem sich eure lange in eurem Unterbewussten, in euren Zellen und in euren Energiekörpern gespeicherten Lebensthemen an die Oberfläche und in euer Bewusstsein arbeiten.

Auch können die genannten Symptome eine Reaktion auf die sich rapide verändernden Lebensbedingungen auf Erden sein, mit denen ihr euch in stetiger Wechselwirkung befindet. Oft ist es wichtig, eure innerkörperlichen Ursachen dieser Symptome auf physischer Ebene zu finden und zu behandeln und gleichzeitig eure Emotional- und Energiekörper mit einzubeziehen.

In der Vergangenheit stand vielleicht nicht immer die notwendige Zeit zur Verfügung, euch dem Facettenreichtum eurer Emotionen zu widmen, sodass ihr diese vorübergehend in manchen Organen, Zellen und in eurem Energiefeld gespeichert habt, wo sie für einen gewissen Zeitraum schlummerten, um an dem für euch besten Zeitpunkt zu erwachen, an dem euch mehr Hilfe, Ressourcen, Energie oder Informationen zur Verfügung stehen als zu der Zeit, in der diese verschiedenen Emotionen aufgrund diverser Lebenserfahrungen entstanden sind.

Wann immer diesbezüglich ein bewusster oder unbewusster Widerstand vorliegt, kann Schmerz die Folge sein. Die Evolution von Mensch und Natur findet wellenartig, wellenförmig statt, niemals in einem immerwährend gleichbleibenden Tempo. Diese Evolution umfasst alle Ebenen: die physische, die mentale, die emotionale und die energetische.

Nach einer herausragenden Evolutionsflut folgt eine Ebbe, darauf wieder eine langsamere, sich sanft beschleunigende Phase, dann wieder eine Flut ...

Ihr alle, die ihr jetzt inkarniert seid, habt euch, aus unserer Sicht betrachtet, auf Seelenebene vor dieser Inkarnation, bewusst oder unbewusst, für das Kapitel „Evolutionsflut" angemeldet.

Mutige, abenteuerlustige Seelen sind zu dieser Zeit, vielleicht nach etlichen Inkarnationen auf diesem und auf anderen Planeten, wieder zur Erde zurückgekehrt. Ihr erfahrt eine rapide Evolutionsbeschleunigung innerhalb eurer DNA, euer Erbgut verändert sich in hohem Tempo innerhalb einer Inkarnation.

Für diejenigen unter euch, deren Lebensthemen, die zu erfahren ihr für diese Inkarnation gewählt habt, schon sehr erlöst und transformiert sind, verläuft diese Evolution sanfter als für diejenigen, bei denen noch viele vielleicht verdrängte, vielleicht unbewusste Themen an die Oberfläche kommen möchten.

Manche von euch haben sich vielleicht ein großes Lebensthema ausgewählt, an dem sie wachsen, durch das sie geformt, geprägt, spirituell gewaschen werden möchten, durch das sie zur Tiefe ihren Kerns vordringen können.

VIELLEICHT wähltet ihr das Tor extremer Einsamkeit, um durch dessen Durchschreiten auf der Hochebene des All-Ein-Seins aufzuatmen.

VIELLEICHT wähltet ihr Erlebnisse der Ohnmacht, um durch diese in die Ermächtigung geführt zu werden.

VIELLEICHT erfuhrt ihr Erschöpfung, Zusammenbrüche, Energielosigkeit als Weg, um durch unendliche Schöpferenergien durchflutet zu werden.

VIELLEICHT wähltet ihr eine komplexe Verflochtenheit vielschichtiger Lebensthemen, mit denen ihr etliche Inkarnationen hättet füllen können.

Wenn ihr Abkürzungen, Leichtigkeit und ein Leben in göttlicher Gnade liebt, gingt ihr bezüglich dieser Themen in die Hingabe, ließt euch von ihnen durchfluten lassen, und mit einem lauten „Ja" auf den Lippen ließt ihr jene Themen eure Wegweiser sein, in dankbarer Akzeptanz aller sich durch sie offenbarenden Erfahrungen und Begebenheiten.

Oft jedoch erfuhrt ihr Widerstände – Widerstände ob dieser scheinbaren Erschwernisse. Diese Widerstände ermöglichten euch Umwege, Ehrenrunden, ermöglichten es euch, die Intensität des jeweiligen Themas zu intensivieren, zu potenzieren; sie führten euch, wenn sie vehement genug waren, in komplexere Verstrickungen.

Manche Widerstände führten euch sogar dazu, den Auslöser einer Blockade nicht in euch zu suchen, die Wunde nicht innerhalb eures Selbst zu heilen, sondern die Ursache im Außen zu vermuten; einen Schuldigen zu deklarieren.

VIELLEICHT wähltet ihr eure Mutter, euren Vater, den Staat, den Arbeitgeber, die Kirche, das System, den Ehemann. Dies ergab vielleicht weitere Verstrickungen und vergrößerte den Widerstand. Noch bevor ihr euch mit eurer Mutter, eurem Vater, dem Staat verstrickt hattet, war die Energie, die diesen Widerstand erzeugte, bereits in euch vorhanden.

Vielleicht ist diese Einsicht
beizeiten ein bisschen schmerzhaft.

Auch wir liebten es nicht immer, bis auf den Grund unserer Seele zu blicken und dabei die noch auf ihr vorhandenen schwarzen und weißen Flecken zu betrachten, jedoch ist dies der schnellste, einfachste und erleichterndste Weg, alle Widerstände zu verabschieden und in ein schmerzloses, energiegeladenes Leben einzutauchen.

Kurz gesagt:

Mensch minus Widerstand gleich Meister.

Haltet ihr noch an euren Widerständen fest, weil ihr euch vor der Genialität fürchtet, die daraufhin zum Vorschein kommen wird?

ODER sind eure Widerstände eine Art Dekoration, um eure Individualität beizubehalten?

ODER sind sie wie ein Teddybär, den ihr voller Nostalgie aufbewahrt habt, der euch von eurem Sofa aus anlächelt und euch durch seine Präsenz an eure Kindertage erinnert, die vielleicht nicht immer leicht waren, euch jedoch auch viele schöne Stunden beschert haben?

ODER schützen sie euch vor der Einsamkeit? Würdet ihr alle eure Freunde verlieren, ohne die Gemeinsamkeit eurer Widerstände? Könnte es langweilig werden, schon vor den anderen auf dem Berggipfel eingetroffen zu sein?

Wenn ein Widerstand, ein starker Widerstand vorliegt, die noch vorhandenen Themen zu erlösen, kann es zu physischen Schmerzen kommen, denn ihr speichert diese unerlösten Themen in Form psychosomatischer Symptome.

Wenn ihr diesen euren Themen ausweichen möchtet, ist auch häufig die Wirkung von Medizin oder Behandlungen nur von relativ kurzer Dauer, und das Symptom kehrt wieder ... und wieder ... und wieder, oder es verschiebt sich auf eine andere Ebene.

Stellt euch vor, ihr würdet die Blasen und Abschürfungen an euren Füßen, die durch den Aufstieg in zu kleinen Wanderschuhen entstanden sind, mit Pflastern versehen und dann in denselben drückenden Wanderschuhen weiter den Berg hinaufeilen.

Daher sagen wir nicht:

Behandelt eure Symptome nicht medizinisch.

Sondern wir sagen:

Behandelt sie mit allen Methoden,
zu denen ihr euch hingezogen fühlt

und zu denen ihr einen Zugang empfindet, und bitte, bitte erkennt das Thema hinter dem jeweiligen Symptom, sodass ihr es durch das Erlösen dauerhaft und an der Wurzel erlösen und befreien könnt.

Bitte erkennt, dass ihr, wenn ihr unter Schmerzen leidet, mit vielleicht eben diesen zu kleinen Wanderschuhen den Berg hinaufeilt.

So übernehmt ihr die volle Verantwortung für eure Heilung.

ÜBERALL DORT, wo manifest gewordener Widerstand erlöst werden kann, kann das Licht Einzug halten.

ÜBERALL DORT, wo das Licht Einzug hält, erhöht sich die Schwingung.

ÜBERALL DORT, wo die Schwingung erhöht wird, wird Nährboden zur Genesung geschaffen.

Wann immer ihr eure Schwingung erhöht, geschieht dies sowohl für euch, wie auch für alle, die mit euch genetisch verwandt sind, sowohl für die bereits Geborenen, wie auch für die noch Ungeborenen. Sowohl für die Inkarnierten, wie auch für die, die bereits zur anderen Seite hinübergegangen sind, wenn sie es nicht dort schon selbst erlöst haben.

Denn über die energetischen Bänder, die alle, die miteinander verwandt sind, verbinden, reist alle Information von Heilung, sodass alle auch indirekt Beteiligten von diesen Loslösungsprozessen berührt werden.

Bevor sich diese Bänder in angenehmer Erleichterung reinigen und transformieren, kann es zu einem inneren Aufbäumen kommen, so, als würde sich das gesamte innere System zusammenziehen, bevor es sich in die neue, passendere Funktionalität hinein entspannt.

Die Kinder, die heute geboren werden, sind in ihrer Frequenz vollkommen anders als die, die noch vor 50 Jahren geboren wurden. Wenn ihr die DNA und die Molekularstruktur des Menschen untersucht, werdet ihr viele Unterschiede feststellen. Rapides evolutionäres Bewusstseinswachstum von nur einer Generation zur nächsten findet so sichtbar statt, als würde ein Grashalm plötzlich in einer Minute zehn Zentimeter wachsen. Ihr befindet euch inmitten einer rapiden Evolutionsbeschleunigung.

Auch innerhalb der Menschen, die bereits inkarniert sind, finden diese Evolutionsprozesse statt. Evolution vollstreckt sich derzeit innerhalb einer einzigen Generation, innerhalb einer einzigen Inkarnation, und das geschieht in solch beschleunigter Form, wie es innerhalb der vergangenen Jahrtausende nur für Einzelne der Fall war.

Das, was mehrere Jahrtausende hindurch nur den Eingeweihten vorbehalten war, darf nun global, kollektiv stattfinden!

Diese Evolution kann für manche von euch anstrengend sein. Wenn ihr euch gerade inmitten dieser Evolution befindet und innerhalb dieser rapiden zellulären Veränderung Schmerzphasen durchlauft, ist zu vermuten, dass diese Schmerzphasen auf einen unbewussten Widerstand hindeuten, den eure Seele an die Oberfläche bringen möchte, damit er sichtbar werden und transformiert werden kann.

Bei manchen Menschen kann es in den Körperregionen und Organen, in denen diese unbewussten Widerstände gespeichert sind, zu temporären zellulären Veränderungen kommen, die dann ihrer Aufmerksamkeit und liebevoller Achtsamkeit bedürfen.

WELCHE Botschaft liegt in dieser zellulären Veränderung verborgen?

WELCHE unterdrückte Emotion, welche Sehnsucht?

WELCHE nicht gelebte und so sehnlichst vermisste Lebendigkeit?

WELCHE gespeicherte Erfahrung?

WELCHE nie ausgesprochenen Worte?

WELCHE ungeweinten Tränen?

Sprecht mit dem Zentrum des Schmerzes. Er hat ein eigenes Bewusstsein und wird sich euch offenbaren, wenn ihr ihm mit liebend mitfühlendem Herzen begegnet. Zellulär gespeicherte Verdrängung schwingt dichter als der Rest eures aufsteigenden, sich rapide evolutionär entwickelnden Körpers. Schwingt eine Region eures Körpers dichter, ist euer weiterer Aufstieg blockiert, gehemmt, verlangsamt, so lange, bis die Schwingung dieser Region wieder erhöht und auch diese Körperregion befreit und schwingungsmäßig wieder an euch angeglichen wird. Das signalisiert euer Schmerz.

Ab dem Moment, ab dem eure Widerstände erlöst sind, gleitet euer Mehrkörpersystem fließend den Aufstiegsberg hinauf.

Somit könntet ihr jedes Schmerzsignal
als kostbaren Wegweiser umarmen.

Selbstverständlich ist es wichtig, euch medizinisch unterstützen zu lassen, wenn ihr Symptome haben solltet, die euch beunruhigen.

Unsere Informationen dienen eurem Hintergrundverständnis und der zusätzlichen Beschleunigung eurer Genesung. Wir verstehen sie keineswegs als Ersatz eurer Behandlungen, sondern als Ergänzung. Unser Vorschlag ist es, eure zelluläre Veränderung, eure Genesung auf mehreren Ebenen zu unterstützen: physisch, emotional, mental, spirituell und energetisch.

Für manche von euch können bestimmte Symptome, bestimmte vorübergehende Schmerzzustände Teil ihres evolutionären Aufstiegs innerhalb des planetaren Aufstiegs sein. Die Schwingung des Planeten Erde erhöht sich täglich. Die Dichte verringert sich, die Erde transformiert sich in eine lichtvollere Frequenz. Aufgrund eurer innigen Verbindung zur Erde, bewusst oder noch unbewusst, wandelt ihr euch mit ihr. Denn so, wie jeder von euch bewusste und unbewusste Themen auflöst, erlöst das Kollektiv auf Erden diese. Alle auf Erden, auch diejenigen, denen starke Widerstände innewohnen, sind Teil dieses Prozesses.

Dieser Aufstieg findet nicht nur in eurem Bewusstsein statt, nicht nur energetisch, sondern auch auf physischer Ebene, und das spüren manche von euch sehr stark.

Falls ihr von solchen Schmerzen betroffen seid, ist die Ursache dieser keineswegs, dass wir zu intensiv an euch arbeiten würden. Stattdessen möchten wir betonen: Wenn es schmerzt, sind wir besonders bereit, sind wir besonders präsent, euch kraftvoll zu unterstützen, um den Schmerz zu lindern, um die Einsichten zu fördern, wie ihr über ihn hinauswachsen, wie ihr die dem Schmerz zugrunde liegende Blockade transformieren und euer Gleichgewicht wiederherstellen könnt.

Vielleicht könnt ihr eventuellen Schmerz umarmen, ihn als positiven Vorboten eines baldigen weiteren Aufstiegs begrüßen.

Denn mit jedem sich erlösenden Schmerz befreit ihr euch bei Weitem nicht nur auf physischer Ebene, sondern immer lasst ihr Blockaden hinter euch, die euer Leben auf allen Ebenen gebremst und verdichtet haben.

In jedem Schmerz versteckt sich ein Hilfeschrei auf emotionaler Ebene. Mit jedem transformierten Schmerz habt ihr Muster, wie zum Beispiel Selbstsabotage, Selbsterniedrigung oder mangelnde Selbstachtung befreit und innere Fesseln, ein Gefängnis oder gar einen Kerker hinter euch gelassen und euch auf eine Stufe einer ganzheitlich sanfteren Lebensführung hinaufbewegt.

Ihr seid jederzeit willkommen,
uns um Hilfe zu bitten.

Anders als ihr Menschen benötigen wir keine Regenerations- und Integrationszeit.

Wir sind grenzenlos. Erlöst grenzenlos.

WIR verschmelzen mit dir, ohne uns in dir zu verlieren.

WIR verschmelzen mit dir, ohne dir zu nahe zu treten.

WIR verschmelzen mit dir, ohne zu dem Zeitpunkt verletzt zu sein, an dem unsere Verbindung von dir vielleicht nicht mehr gewünscht sein könnte.

WIR antworten dir immer.

WIR unterstützen dich immer.

Nicht immer könnt ihr uns, wenn ihr als Einzelperson meditiert, so stark wahrnehmen, als wenn eine ganze Gruppe mit intensivem Fokus meditiert, während wir zu dieser Gruppe sprechen.

Aber auch wenn ihr allein, zu zweit, zu dritt oder in einer kleinen Gruppe seid, wenn ihr eure energetischen Fühler sensibilisiert, könnt ihr uns wahrnehmen und unsere Hilfe empfangen. Wir sind bereit, von euch eingeladen zu werden oder die Erlaubnis zu erhalten, euch zu unterstützen. Wenn ihr es uns nicht explizit erlaubt, dürfen wir nicht in euer Leben eingreifen. Das ist Teil der universellen Gesetzmäßigkeiten.

Wann immer wir nicht um Unterstützung gebeten werden, ist es an uns, euren freien Willen zu respektieren, dass ihr vielleicht die Lösungsenergie allein zu manifestieren wünscht, ohne unsere Unterstützung. So viele von euch wissen, dass wir euch nur dann unterstützen können, wenn ihr es erlaubt, wenn ihr darum bittet, aber vergesst ihr das nicht manchmal trotz eures Wissens?

Es erfreut uns unbeschreiblich,
euch zu unterstützen.

Nie wäre es uns eine Last! Es ist eine Zeit rapiden Wachstums, und wir ermutigen euch, diese zu genießen. Die dadurch stattfindende Bewusstseinsausdehnung darf beflügelnd sein, ekstatisch, euphorisch. Es kann wie ein Marathon sein, wie ein unbeschreibliches Abenteuer.

Wir vergleichen die derzeitige Phase der Evolution, in der ihr euch befindet, mit der intensiven Schleuderphase einer Waschmaschine. Freut euch in diesen Schleuderphasen auf den baldigen Zeitpunkt, an dem ihr wieder in der Sonne zum Trocknen ausruhen dürft, weiß gewaschen wie strahlend weiße Wäsche. Meditiert in dieser Vorfreude, denn sie ist ein Magnet dessen, was ihr in eure Anziehungsbahn bringen möchtet, besonders dann, wenn ihr das

Gefühl habt, das Leben sei derzeit eine Achterbahn mit Höhen und Tiefen, oder wenn euch der physische oder der emotionale Körper stark herausfordert.

Während du diese Zeilen liest, sind wir natürlich auch präsent und jederzeit bereit und erfreut darüber, deine Energiekörper behandeln zu dürfen, wenn du es wünschst, um, wenn du möchtest, eventuelle derzeitige Herausforderungen, auf welcher Ebene sie auch präsent sein mögen, zu erleichtern.

Denn alles, was im Energiekörper Transformation hat erfahren dürfen, transformiert sich daraufhin auf der physisch erfahrbaren Ebene, es strahlt von den Energiekörpern in den physischen Körper und löst dort deutlich spürbare Veränderungen aus.

Ein wichtiges Fundament angewandter Spiritualität

In eurem Leben geht es immer häufiger darum, die eigene Wahrheit zu sprechen, die eigene Wahrheit auszudrücken, und das natürlich immer in der Schwingung der Liebe, der bedingungslosen Liebe, frei von Verurteilung.

Wir möchten nun einige Anregungen aussprechen, die es euch, wenn ihr möchtet, ermöglichen können, in diesen turbulenten Phasen der heutigen Zeit euer Gleichgewicht aufrechtzuerhalten.

Von höchster Wichtigkeit ist besonders in diesen Zeiten die Eigenermächtigung. Dieser Aspekt kann niemals zu häufig kommuniziert werden.

Denn wann immer ihr eure Ermächtigung nicht aufgreift, wird es ein anderer für euch tun.

DANN weiß ein anderer, was vermeintlich gut für euch ist.
DANN weiß ein anderer, was ihr wollt.
DANN weiß ein anderer, was ihr braucht.
DANN weiß ein anderer, was ihr mit eurem Leben tun könntet, solltet, werdet.
DANN weiß ein anderer vielleicht irgendwann sogar, wer ihr seid und was eure innere Wahrheit ist.

Und daher bitten wir euch eindringlich und in eurem höchsten Sinn:

*Betrachtet die Eigenermächtigung
als Grundlage eures spirituellen Weges.*

Der weitere Weg basiert auf diesem Fundament.

Ist der Boden der Eigenermächtigung nicht gefestigt, fehlt eurer weiteren spirituellen Reise jeglicher Nährboden. Beim ersten Wind, ja, beim ersten Lüftchen, würde ohne die Basis der Eigenermächtigung alles, was ihr euch aufgebaut habt, zusammenbrechen.

Auf diesem Fundament aufbauend, gedeiht eure Beziehung zu euch selbst, zu Gott, zum Universum, zu eurer Familie, eurem Partner, euren Kindern, euren Arbeitskollegen, Chef oder Angestellten, euren Klienten, euren Schülern, euren Nachbarn, zu eurer gesamten Umgebung. Jedoch ohne diese Eigenermächtigung wäre euer Leben eine Achterbahn. Jederzeit könnte euer innerer Frieden durch äußere, unvorhergesehene Geschehnisse bedroht werden.

ES GINGE EUCH GUT, wenn es allen anderen gut ginge, und es ginge euch schlecht, wenn es allen anderen schlecht ginge, auch dann schon, wenn es nur bei einigen oder einem anderen der Fall wäre.

ES GINGE EUCH GUT, wenn niemand etwas von euch wollte oder brauchte, aber sobald euch jemand Energien abziehen würde, stündet ihr innerlich wieder im Keller.

Ihr wärt von den Bedürfnissen und Befindlichkeiten, von den ausgesprochenen und unausgesprochenen Erwartungshaltungen eurer Umgebung emotional und energetisch abhängig.

Ein Sklave, eine Marionette.

Steuerbar, kraftlos.

Wenn ihr euch hingegen in der Eigenermächtigung verankert, wenn ihr wisst, wo ihr steht, wenn ihr wisst, dass es euch zusteht, ja, dass es sogar euer Geburtsrecht ist, eure Realität zu vertreten, seid ihr durch eventuelle Launen oder Erwartungen der Außenwelt nicht zum Straucheln zu bringen. Vielleicht empfindet ihr Trauer, Enttäuschung oder Verletztheit, wenn jemand euch intensiv kontrollieren oder manipulieren möchte, jedoch wirft es euer Leben nicht aus der Bahn, es führt euch nicht in eine unlösbar erscheinende Krise.

Ihr wisst weiterhin, wer ihr seid, wo eure Grenze liegt, wo euer Feld endet und wo das Feld des Gegenübers beginnt.

Hier dürft ihr euch auf die Dichotomie[1)] des Lebens einlassen.

EINERSEITS werdet ihr gebeten, auf spiritueller Ebene das All-Eins-Sein mit Allem-was-ist zu erfahren.

ANDERERSEITS werdet ihr gebeten, auf irdischer Ebene den Teil des Universums, als den ihr euch definiert habt, ermächtigt zu vertreten.

Ihr könnt euch fließend zwischen diesen beiden Ebenen bewegen, den Tag zum Beispiel mit einer Meditation beginnen, in der ihr mit Allem-was-ist verschmelzt und in der Einheit aufgeht, um daraufhin in der Welt euer individualisiertes „Ich“ zu verkörpern, in der ihr eine klare Grenze zur Außenwelt wahrnehmt, in

[1)] Dichotomie = Zweiteilung

der es genau definierbar ist, wo ihr endet und wo die Außenwelt beginnt, um in eurer Abendmeditation wieder mit Allem-was-ist zu verschmelzen, euch aufzulösen, euch in die Grenzenlosigkeit hinein auszudehnen.

Durch das Wandeln in beiden Welten meistert ihr die Gesetzmäßigkeiten der Manifestation, denn in der Verschmelzung seid ihr eins damit, was eure Seele in euer Leben zu bringen begehrt. Und das, womit ihr eins seid, manifestiert ihr mit mehr als größter Leichtigkeit.

Hier entsteht der Yin Aspekt, der passivere Aspekt der Manifestation, denn durch die Erfahrung der Einheit kommt ihr in die innere Bereitschaft, das Ersehnte zu empfangen.

Der Yang Aspekt, der aktive Aspekt der Manifestation, entsteht in eurer Ermächtigung, in eurer klaren Grenzwahrnehmung, mit Bestimmtheit euren Weg zu gehen, nicht einen Weg, sondern euren, den ihr dadurch so klar definieren könnt, dass ihr eure Identität in spezifischer Genauigkeit erkannt habt.

MÖCHTEST DU die Augen schließen und für einige Momente wahrnehmen, womit du eins bist, was du ersehnst und womit deine Seele bereits eins ist?

MÖCHTEST DU wahrnehmen, welchen individualisierten Weg deine Seele dir als individualisierte Identität aus dieser Einheit heraus einflüstert? Welcher ist dein Weg aus Sicht deiner Seele?

Du bist eins mit diesem Weg.

Dein Seelenweg ist der Weg, der dich süßes Seelenbrot backen lässt, unvergängliches Seelenbrot, nachdem sich Weizen und Spreu in dir voneinander getrennt haben.

Was ist Eigenermächtigung?

Eigenermächtigung ist Unbeirrbarkeit und beinhaltet die Fähigkeit, im Leben geradeaus zu gehen, euren Weg zu beschreiten, auch wenn sich Hindernisse in den Weg stellen. Vielleicht überspringt ihr diese, vielleicht fegt ihr über sie hinweg, vielleicht schlängelt ihr um sie herum, vielleicht findet ihr andere Wege, auch in Anwesenheit dieser Hindernisse eure Wahrheit zu leben.

Eigenermächtigung ist innere Freiheit.

In ihr zu wandeln bedeutet, nicht in tiefe Trauer zu verfallen, wenn ihr kritisiert, angegriffen oder angezweifelt werdet.

EIGENERMÄCHTIGUNG beinhaltet, in dem Wissen, dass dieser für euch stimmig ist, euren Weg zu gehen, auch dann, wenn andere vielleicht ausdrücken, es sei der falsche.

EIGENERMÄCHTIGUNG ist, das Risiko einzugehen, einen „Fehler" zu machen.

EIGENERMÄCHTIGUNG ist der Mut, so lange wieder von vorne zu beginnen, bis ihr „es" verstanden habt. Sei dieses „es" der Umgang mit bestimmten Situationen oder Herausforderungen, sei „es" euer ureigenster Weg, auch dann, wenn dieser für alle anderen eurer Umgebung als vollkommen unverständlich erscheint.

An dieser Stelle möchten wir dich in Liebe daran erinnern:

Du bist nicht inkarniert, um anderen zu gefallen, um ihre Erwartungshaltungen zu erfüllen.

JEDES MAL, wenn jemand deinen Weg anzweifelt,
JEDES MAL, wenn jemand dich direkt oder subtil anzweifelt, schenkt er oder sie dir einen Gefallen.

Bedanke dich innerlich für die Chance, die dir geboten wird, deinem Weg auch dann, wenn er infrage gestellt wird, treu bleiben zu können. Natürlich bitten wir dich hier keineswegs, „Starrsinn um jeden Preis“ zu praktizieren, sondern deine durch dein Herz geprüfte Seelenwahrheit, die zu verkörpern du hierhergekommen bist, zu vertreten und zu leben.

Vielleicht magst du nach dem Lesen der nächsten Zeilen für einen Augenblick die Augen schließen und innerlich wahrnehmen, welche der Wege, die du beschreitest, die deiner Seelenwahrheit sind, welche die deines Starrsinns und welche du aus einem Kompromiss heraus beschreitest.

Sei frei von Wertung – auch und besonders frei von Bewertung dir selbst gegenüber in dieser Innenschau.

Die Achtsamkeit allein wandelt vieles.

Diese Achtsamkeit kann der erste Schritt sein, dich der Erfüllung deines innersten Rufs, dem Erleben deiner größten Seelensehnsüchte zu nähern, solltest du nicht schon auf diesen Pfaden wandeln.

☆☆☆

„Wo liegt aus eurer Sicht das Gleichgewicht, einerseits Gott um Hilfe zu bitten, und andererseits Eigenverantwortung für den eigenen Heilungsprozess zu übernehmen?"

Gott kennt dich, kennt uns alle seit Anbeginn der Zeit und ist dir daher immer schon eine Meile voraus. Das göttliche Bewusstsein weiß, welcher Heilungsschritt dir bevorsteht.

Du bist nicht getrennt vom Göttlichen.
Das Göttliche ist nicht getrennt von dir.

Aus dem göttlichen Bewusstsein heraus betrachtet, kann Heilung nie zu früh geschehen. Heilung ist immer erwünscht. Es reicht ein einziges Zeichen, dass Heilung eingeladen werden darf, und zwar dein Bewusstsein des Bedürfnisses nach Heilung. Sobald du weißt, in welchem Themenbereich du Heilung brauchst, bist du bereit, diese Heilung zu empfangen. Das heißt nicht, dass sie immer auf dem Fuße folgt, denn manchmal ist ein Labyrinth oder ein verwobener Pfad notwendig, zu dieser Heilung zu gelangen.

Manchmal glaubst du, nur ein einziger Heilungsschritt ist notwendig, in Wahrheit sind es aber neunundneunzig Schritte, oder du glaubst, die Reise deiner Heilung müsse aus tausend Schritten bestehen, und in Wahrheit ist nur ein einziger Schritt notwendig.

Aus ehrlichem Herzen heraus Gott um Heilung zu bitten, ist niemals ein Abgeben deiner Eigenverantwortung. Dies allein ist schon ein produktiver, co-kreativer Schritt.

Bitte Gott um Heilung, um Hilfe, und spüre, ob dir Heilungsschritte eingegeben werden, denen du dich widmen kannst. Denn

Gott berührt dich nicht zuletzt auch durch deine Intuition, und wenn diese dir eingibt, ein bestimmtes Mittel einzunehmen oder eine bestimmte Person aufzusuchen, um zu deiner Heilung beizutragen, ist auch dieser Impuls eine göttliche Eingebung. In dem Moment, in dem ihr jenseits des Intellekts empfindet, dass ihr niemals von Gott getrennt wart, dass allein die Illusion der Getrenntheit von Gott euch zu temporärer Krankheit hat führen können, wenn dieses Verständnis erreicht ist, dann wisst ihr, dass die Bitte um Hilfe unzertrennlich mit dem Übernehmen von Eigenverantwortung verflochten ist.

Eigenermächtigung und Eigenverantwortung halten einander die Hand.

Eigenermächtigung bedeutet sanfte, konsequente Radikalität; Eigenverantwortung bedeutet das Übernehmen der vollkommenen Verantwortung – niemandem mehr eine Schuld zuweisen zu wollen, nicht mehr zu sagen:

ES ist Gottes **SCHULD**, dass ...
ES ist die **SCHULD** der Aufgestiegenen Meister, dass ...
ES ist die Schuld meiner Eltern, dass ...
ES ist die **SCHULD** meines Partners, dass ...
ES ist die **SCHULD** meiner Kinder, dass ...
ES ist die **SCHULD** des Staates, dass ...
ES ist die **SCHULD** des Arbeitgebers, dass ...
ES ist die **SCHULD** des Finanzamts, dass ...
ES ist die **SCHULD** meines Ehemanns, dass ...
ES ist die **SCHULD** des Systems, dass ...

ES ist die **SCHULD** ... wessen auch immer.

Wenn ihr in der Eigenverantwortung seid, wisst ihr, dass ihr massiv an der Co-Kreation eurer Umstände beteiligt wart und auch an der Auflösung der unangenehmen Umstände beteiligt sein dürft, um eure Situationen zu verändern.

Eigenermächtigung ist
der ehrliche Blick in den Spiegel;
und während dieses Blickes
....
lächelt!

Wütend in den Spiegel zu schauen, euch selbst gedanklich zu attackieren oder einen Stein mit den Worten

„Wegen dir ist alles so, wie es ist“

in den Spiegel zu werfen, wäre nicht das, worum wir euch bitten, denn Hand in Hand mit dieser, die vollkommene Verantwortung übernehmenden Eigenermächtigung geht die Eigenliebe, die Selbstliebe.

Selbstliebe

Wenn ihr Selbstliebe in euch erschlossen habt, ist die Schuldfrage gelöst. Dann könnt ihr auch euch selbst nicht anklagen, nicht mehr in den Spiegel blickend empfinden: „Es war meine Schuld". Denn in dieser Ermächtigung liebt ihr euch und seid in einer Haltung, in der ihr schmunzeln könnt: „Was ich mir da wieder kreiert habe – mein Höheres Selbst hat wirklich Humor."

Diese innere Haltung, geliebte Freunde, gehört zu eurer angewandten Meisterschaft. Ihr könnt euch bei euch selbst bedanken. Ihr könnt euch in den Spiegel blickend zuzwinkern und euch für die Herausforderungen bedanken, die ihr euch kreiert habt, um in jeder Lebenssituation das Bewusstsein und die Schwingung eines Meisters beibehalten zu können.

Dies bedeutet keineswegs, dass ihr weiter entwickelt seid, wenn ihr viele Hindernisse zu überwinden habt, denn es ist auch sehr meisterlich, sich einen geraden Weg manifestieren zu können.

Meisterschaft bedeutet, im Humor verwurzelt bleiben zu können, in der Selbstliebe verankert zu sein, nicht zu über-identifiziert zu sein mit dem eher schwierigen Teil, mit den eher schwierigen Aspekten.

Wir haben schon viele Worte über Selbstliebe gesprochen, und doch wissen wir aus eigener Erfahrung, als wir in physischen Körpern inkarniert waren, und aus der jetzigen Perspektive heraus, dass die Umsetzung der Übung bedarf.

„Wie können wir uns konkret in die Selbstliebe hinein bewegen?"

Es gibt unendlich viele Wege, wahre Selbstliebe zu verinnerlichen. Mit Sicherheit findet ihr, zusätzlich zu unseren Anregungen, für euch weitere Möglichkeiten.

Ich bin KWAN YIN, und ich bitte euch, euch selbst so zu sehen, wie Gott euch sieht, und wie Gott euch gesehen hat, als er euch kreierte und co-kreierte. Geht in Verbindung mit dem göttlichen Vordruck, der für jeden Menschen, für jedes Wesen, für jeden Baum, für jede Blume, für jedes Tier, für jeden Fels, für jedes Sandkorn vorhanden ist. Seht euren eigenen göttlichen Vordruck. Vielleicht möchtest du dieses nach dem Lesen der folgenden Zeilen direkt aufgreifen.

Sitze entspannt und mit geschlossenen Augen, bringe deine Aufmerksamkeit in den Bereich zwischen den Augenbrauen. Vielleicht kannst du mit dem linken Zeigefinger sehr sanft dieses Dritte Auge rechtsdrehend kreisförmig massieren, um es zu stimulieren, damit es sich noch etwas weiter öffnet. Vielleicht magst du dieses Dritte Auge als wunderschöne violettfarbene Blüte sehen, die sich langsam wie eine Blüte öffnet, die sich den wärmenden Strahlen der Sonne entgegenstreckt.

Betrachte diese weit geöffnete Blüte und sieh, wie das Auge sich weit öffnet, um wahrhaftig nach innen schauen zu können. Empfange nun ein Bild von dir selbst, von deinem göttlichen Vordruck, eingegeben von der Göttlichen Quelle.

Vielleicht siehst du dich visuell so, wie dein Körper aussieht oder aussehen wird, wenn du in diesem göttlichen Vordruck verankert bist und gemäß dieses göttlichen Vordruckes lebst, vielleicht bekommst du ein Gefühl oder siehst Farben, Szenarien, Tätigkeiten, Bewegungen.

Betrachte, was dein inneres Auge, das Dritte Auge, dir zeigen möchte.

Vielleicht möchtest du dich auch auf dein Herz fokussieren und betrachten, wie sich das Herzchakra wie eine rosafarbene Blüte öffnet, um für dich diese nährende, wärmende Liebe zu empfinden und zu empfangen. Liebe dich wie das neugeborene Baby, das du warst, als du in dieser Inkarnation physisch gelandet bist, verletzlich, verwundbar, offen, voller Hoffnung, voller Sehnsucht nach Liebe.

Wer würde dieses Wesen nicht lieben?

Siehe dich und alle deine Manifestationen in diesem Licht, aus diesem Blickwinkel, auch wenn du die Augen wieder öffnest.

Die Selbstliebe breitet sich in euch aus, wenn ihr bereit seid, sie zu empfangen. Sie ist nichts, was ihr aktiv tun müsstet. Sie ist lediglich etwas, das empfangen werden darf. Das einzig Notwendige ist die Bereitschaft, zu empfangen.

Es wird leichter, wenn es nicht um eine Aktivität, eine Handlung oder um eine Anstrengung geht, sondern wenn alles, was zu tun ist, eine innere Haltung ist, in die hinein ihr euch entspannen dürft. Dann landet diese Liebe in aller Natürlichkeit und Einfachheit in euch, in eurem Herzen, vielleicht dann, wenn ihr es am wenigsten erwartet. So könnt ihr auch um göttliche Unterstützung bitten, innerlich in der Lage zu sein, diese Selbstliebe zu empfangen und anzunehmen.

Es gibt die innere Selbstliebe, die im Idealfall immer vorhanden ist, egal, was ihr im Außen tut, und es gibt die angewandte Selbstliebe.

Beide Formen sind gleichermaßen wichtig und ergänzen einander.

Die angewandte Selbstliebe ist der Teil,
der auf praktischer Ebene für euch sorgt.

Stellt euch vor, die Geburt eines Heiligen wird angekündigt. Dieser Heilige wird geboren und ist ein Waisenkind. Plötzlich klopft jemand an eurer Haustür, ihr öffnet und steht einem Menschen, der dieses Waisenkind in den Armen hält, gegenüber und hört: „Dies ist die Wiedergeburt von *KWAN YIN*. Vielleicht auch von *JESUS*, *BUDDHA* oder von *MUTTER MARIA* oder einem anderen Heiligen, zu dem ihr eine innige Herzensverbindung empfindet.

„Ich bin berufen, dieses Kind in deine Arme abzugeben, damit du für es sorgen mögest." Daraufhin verschwindet dieser Mensch wortlos am Horizont.

Da steht ihr nun mit diesem heiligen Baby in euren Armen, schaut es an und werdet von inniger Liebe durchflutet. Ihr tauscht einen innigen Blickkontakt aus und fühlt euch geehrt, und in dem Moment, in dem ihr gerade sagen wollt: „Danke, dass du mich ausgewählt hast, für dich zu sorgen", bemerkt ihr, dass dieses Kind genau jetzt bereits praktische Bedürfnisse ausdrückt, denen nachgekommen werden muss.

Natürlich sorgt ihr für es, sehr liebevoll, ihr wickelt es, ihr füttert es, ihr liebt es, ihr haltet es, ihr spielt wunderschöne Musik, nährt es und kümmert euch um alle seine Bedürfnisse und mehr.

Nun – bist du weniger wertvoll, weniger göttlich als dieser Heilige? Warum kannst du es für ihn, jedoch nicht für dich?

Auch der kindliche Teil in dir, auch dieser weint, bittet um Trost und hat Bedürfnisse. Aber diesen Teil ignorierst du vielleicht noch, wenn du nicht in Kontakt mit der Selbstliebe bist, und verdrängst ihn an einen dunklen, leblosen Ort in den tiefsten Tiefen deines Selbst, an einen Ort, der vielleicht taub ist, dumpf, leblos, an einen Ort, an dem vielleicht nichts oder wenig wahrgenommen werden darf.

Vielleicht betäubst du diesen Teil, vielleicht ist er versteinert, eingefroren.

Vielleicht empfindet dieser Teil, keine Daseinsberechtigung zu haben.

Wir möchten eindringlich betonen: Du bist nichts Geringeres als dieses heilige Baby, das jederzeit an deiner Tür abgegeben werden könnte. Aber vielleicht behandelst du dich so. Du behandelst manch anderen Menschen vielleicht wie einen Heiligen oder eine Heilige. Wenn du dich so behandeln kannst wie dieses heilige Baby, dann bist du in der angewandten Selbstliebe verankert.

Deine Intuition, deine höhere Führung weiß immer, bei jeder Weggabelung, bei jeder Entscheidung zwischen zwei oder mehreren Möglichkeiten, die Antwort auf die Frage

WAS würde die Liebe, die Selbstliebe tun, und was wäre die andere Entscheidung?

WAS würde die Aufopferung tun?

WIE würde sich der Selbstbetrug entscheiden?

WIE würde der Teil in mir entscheiden, der immer lächelt, auch wenn er weinen möchte? Der immer „Ja“ sagt, auch wenn er „Nein“ sagen möchte?

Der auch dann, wenn er sich kaum mehr aufrecht halten kann, immer noch die Wichtigkeiten aller anderen vor die eigenen einstuft?

WIE würde dieser Teil in mir entscheiden, der daraufhin schlussendlich grollt und weder sich selbst noch die anderen lieben kann?

Manche von euch fühlen sich vielleicht noch verpflichtet, sich für das zu entscheiden, das vielleicht vernünftiger wäre.

Aber wer sagt das?
Wer sagt, dass es vernünftiger wäre?

Alle Menschen wissen, was eigentlich gut für sie wäre, aber sie haben sich von diesem Wissen entfernt. Wenn ihr wieder zu dieser Ursprünglichkeit zurückfindet, dann seid ihr mit den Grundlagen der Selbstliebe verbunden und könnt diese verfeinern und weiterhin spiritualisieren.

☆☆☆

„Ab wann können Kinder diese Eigenermächtigung und Eigenliebe in Anspruch nehmen?“

Die Eigenliebe können sie im Idealfall immer in Anspruch nehmen. Vom ersten Atemzug an, denn die Eigenliebe ist immer gesund für die Entwicklung des ganzheitlichen Hohen Selbst. Diese Eigenliebe angewandt umzusetzen, kann ihnen jedoch nur auf praktischer Ebene gelingen, wenn es ihnen vorgelebt wird.

Ein Kind, das vom ersten Atemzug an von mindestens einer Person dauerhafte Liebe empfängt, ist in der Lage, diese Schwingung zu verinnerlichen und sich dann selbst diese Liebe zufließen zu lassen. Ein Kind, zu dem der Liebesfluss blockiert ist oder war, erfährt eine Blockade, diese Selbstliebe anwenden zu können.

Liebe ein Kind,
und du schenkst ihm
die Grundlage, Selbstliebe zu empfinden.

Diese Fähigkeit zur Selbstliebe nährt es sein ganzes Leben, ist ein Geschenk für sein ganzes Leben. Sie ist DAS Geschenk für das ganze Leben. Lebe ihm deine Selbstliebe vor, und du lehrst es angewandte Selbstliebe. Niemals könnte es ein „Zuviel“ an reiner Liebe geben.

Bei der Eigenermächtigung hingegen ist mit Achtsamkeit vorzugehen.

Die Eigenermächtigung, die das Kind aus dem Höheren Selbst heraus erfährt, ist zu fördern und zu unterstützen.

Die „Eigenermächtigung", die dem negativen Ego entspringt, ist zu erziehen, zu spiritualisieren; diese darf in ihrer Schwingung erhöht werden.

Es ist wie das Hegen eines nahrhaften Gemüsegartens, in dem ihr mit Hingabe und Liebe gärtnert, in dem ihr jede Pflanze hegt und pflegt, um sie dabei zu unterstützen, in ihrer ganzen Pracht zu sprießen und zu gedeihen.

Natürlich ist auch das Ego des Kindes wichtig, denn nie hätte die Göttliche Quelle etwas geschaffen, nie hätte das Göttliche in diesem Kind etwas geschaffen, das nicht von Bedeutung wäre.

Auch dem Ego wohnen Licht und Schatten inne, auch Aspekte des Ego ermöglichen es dem Kind, die gesamte Palette des menschlichen Seins erfahren zu dürfen. Mithilfe des Egos gelingt es ihm, die Erfahrensform der Individualität zu schmecken, die Facetten des freien Willens zu erkunden – sich von dessen Schwingen in die Höhe heben zu lassen und durch die Grenzen seine Wurzeln wahrzunehmen.

Ohne die Entwicklung des Egos könnte es nie erfahren, wo seine Mutter endet und es selbst beginnt; ohne die Entwicklung des kindlichen Egos könnte es sich in der jetzigen Welt nicht zu einem Wesen entfalten, das in der Lage ist, in der Physis auf praktischer Ebene für sich und sein Leben zu sorgen und irdische Selbstverantwortung zu übernehmen.

Somit ist auch die Entwicklung des kindlichen Egos zu fördern, zu gießen wie eine kostbare Pflanze. Sie ist Teil seiner Gesamtentwicklung. Es war der Wunsch dieser Seele, in dieser Inkarnation die Realität des Egos erfahren zu dürfen.

Als Kind lernt ihr, das Ego zu entfalten.
Als Erwachsener lernt ihr, euch über es zu erheben.

Beides ist wichtig. Kein Schritt kann ausgelassen werden, denn das Ego will zunächst entwickelt werden, damit der Mensch, dem das jeweilige Ego innewohnt, sich später darüber erheben kann.

Der Wunsch so manches spirituellen Elternpaares war es schon, ein egoloses Kind zu empfangen. Geliebte Seelen: Dieses Kind wäre in der Welt nicht lebensfähig.

Jesus, Buddha,
Meister, die in dieser Welt wandelten,
wir alle entwickelten das kindliche Ego.

An ihm ist nichts Schlechtes. Es weist dich beispielsweise darauf hin, dass dein physischer Körper hungrig ist, und wenn du noch zu klein bist, selbst für die Erfüllung dieses Bedürfnisses zu sorgen, gibt es dir Möglichkeiten ein, die Aufmerksamkeit der Erwachsenen auf eben dieses Bedürfnis zu legen.

Würde dir als dieses hungrige Kind kein Ego innewohnen, würdest du dich in solch inniglicher Verschmelzung mit Allem-was-ist befinden, würdest du deinen Hunger nicht wahrnehmen und ausdrücken und ihn somit nicht als Teil deines Selbst erleben können. Du würdest dich in solcher Vereinigung mit Allem-was-ist befinden, dass du keine Notwendigkeit darin sehen würdest, für dein kindliches Überleben einzutreten.

Das Ego ist somit zunächst das Geschenk der Identitätswahrnehmung, nachdem die kindliche Seele zuvor in Dimensionen wandelte, in denen Identität eine andere Bedeutung beigemessen wird, in denen sie zum Erhalt ihrer Existenz keinerlei Beitrag zu leisten hatte.

Auf Erden benötigt das Kind eben dieses Ego, denn im Gegensatz zum Erhalt seiner nichtphysischen Existenz muss zum Erhalt der physischen ein Beitrag geleistet werden. Daher bitten wir euch:

Bekämpft das kindliche Ego nicht,
wertet es nicht.

Es hat seinen Platz.

In Berührung mit der Welt wirft dieses Ego jedoch in den meisten Fällen einen Schatten. Durch die Entwicklung dieses Schattens, der sich häufig mit zunehmendem Alter des Kindes auszudehnen scheint, fürchten manche von euch, das Kind würde seine Reinheit verlieren, diese Reinheit, mit der es zur Welt gekommen ist und euer Herz so unbeschreiblich berührt hat. Sorgt euch nicht.

Die Reinheit der Seele ist unsterblich. Nichts auf Erden kann sie zerstören. Nichts auf Erden kann sie trüben. Der Schatten, den das Ego wirft und der der Seelenreinheit eine dunkle Farbe zu geben scheint, ist lediglich ein Mantel, der sich auf Erden vorübergehend um eben diese Seele hüllt. Sobald der Zeitpunkt für die Seele gekommen ist, in spiritueller Nacktheit zu wandeln, löst sie sich von diesem Mantel, der ihr zuvor gedient hat.

Jede Seele hat die Freiheit,
einen eigenen Mantel zu wählen.

Manche Seelen hüllen sich in einen beinahe durchsichtigen Stoff, andere tragen einen dichten Pelz.

Das Ausmaß der Größe des Schattens des einen oder anderen Egos ist so verschiedenartig wie das eines Grashalms und eines Mammutbaums, die beide von der Sonne beschienen werden. Dieses Ausmaß hängt vom Entwicklungsstand der Seele ab, der bereits vorhanden war, als sie sich inkarnierte.

Die Größe jenes Schattens, den das Ego wirft, die Größe jenes Egoanteils kann von den Eltern und dem Kind Nahestehenden geprägt werden.

Hier sind die Fertigkeiten des Seelengärtners gefragt, darüber zu meditieren, ob er vielleicht versehentlich das „Unkraut“ düngt und das Gemüse jätet.

Somit sind manchmal die dem Schatten des Egos entspringenden Handlungen wie eine Hecke zu beschneiden, manchmal in Bahnen zu lenken wie Pflanzen, die über bestimmte Regionen nicht hinauswachsen sollen, um andere dort wachsende Pflanzen nicht ihres Raumes zu berauben. Also ist es wichtig, genau zwischen spiritueller Eigenermächtigung und der Macht des negativen Egos zu unterscheiden.

Dieser Aspekt ist von unbeschreiblicher Bedeutung, denn er ist nicht nur bei der Kindererziehung von großer Bedeutung, sondern behält auch bei Erwachsenen eine zeitlose Relevanz.

☆☆☆

„Wann handelt es sich um die Ermächtigung des Höheren Selbst und wann um die Macht des negativen Egos?"

Wann handelt es sich um die Ermächtigung der innewohnenden Seele und wann um die Macht des sie umhüllenden Mantels?

Wann jätest du das Gemüse, wann das Unkraut?

Der einfachste Weg, hier eine Antwort zu finden, ist eine meditative Betrachtungsweise. In der Meditation nimmst du es wahr.

WENN sich dein Herz weitet, ist es das Höhere Selbst. Wenn du es im Solarplexus empfindest, wenn du zum Beispiel wahrnimmst, dass du etwas willst und wütend oder auch nur leicht gereizt wirst, wenn du es nicht bekommst, handelt es sich um das Ego.

WENN sehr viel Druck, sehr viel Zwang, sehr viel „Ich will", sehr viel Unruhe, sehr viel Trotz wahrnehmbar ist, dann handelt es sich um das negative Ego.

WENN eine Offenheit vorhanden ist, ein „Es wäre so schön, wenn, aber wenn nicht, haben Gott und das Höhere Selbst einen anderen Plan", dann handelt es sich um das Höhere Selbst, das unangehaftet ist. Das Höhere Selbst drückt die innere Freiheit aus, die ihr immer, auch wenn ihr große Wünsche habt, beibehalten könnt.

Je leichter es dir fällt, diese Unterschiede bei dir wahrzunehmen, desto leichter wird es sein, auch bei den Kindern, für die du sorgst, die Unterschiede zwischen der Ermächtigung des Hohen Selbst und dem Machtstreben des negativen Egos zu spüren.

Es wird dir immer leichter fallen, ein Kind zu erziehen, wenn du den kindlichen Anteilen in dir die gleiche Aufmerksamkeit schenkst wie den äußeren Kindern, die sich in deinem Leben befinden.

Jeder Konflikt, der sich im Außen zwischen dir und einem Kind manifestiert, existiert auch in dir, zwischen einem deiner kindlichen Anteile und einem Ego-Aspekt.

Wenn du diesen Konflikt zunächst in dir löst, ist er meistens ohne weiteres Zutun auch zwischen dir und dem äußeren Kind aufgelöst oder kann daraufhin in beinahe spielerischer Leichtigkeit erlöst werden.

SOBALD DU in dir selbst wahrnehmen kannst, wann ein Wunsch dem ermächtigten Hohen Selbst in dir und wann er einem nach Macht strebenden, negativen Ego-Anteil entspringt, kannst du dies auch bei einem Kind wahrnehmen.

SOBALD DU deine eigenen Anteile des negativen Egos liebevoll zügeln und diese der Führung deines Höheren Selbst anvertrauen kannst, kannst du auch bei einem Kind diesen Prozess unterstützen.

Das Kind dabei zu unterstützen, die unangehafteten Wünsche des Hohen Selbst spüren und umsetzen zu können und die Forderungen des negativen Egos zu erlösen, ist aus unserer Sicht eine der Aufgaben der spirituellen Begleitung eines Kindes.

Schon allein, dass du den Unterschied in dir und im Kind empfinden kannst und dir die Erlaubnis gibst, diese Wahrnehmung nicht zu verleugnen, ist von unaussprechlichem spirituellen Wert und dem Kind eine unbeschreibliche Unterstützung, um zu dem für es richtigen Zeitpunkt die Wahrheit des Hohen Selbst zu wählen.

Das Licht des Kindes niemals zu vergessen, auch nicht in den Momenten, in denen es sich im eigenen Schatten zu verlieren scheint, ist von großer Wichtigkeit.

Wenn ein Kind mit seinem Schatten identifiziert ist, verlangsame innerlich und visualisiere dieses Kind in seinem Licht erstrahlend, seine höchste Wahrhaftigkeit erinnernd.

Manchmal geschieht ein sofortiger Verhaltenswandel, manchmal mit Zeitverzögerungen unterschiedlichster Dauer. Doch dieser Dienst ist jeder Kindesseele willkommen.

Ein jedes Kind will in seinem Licht erinnert werden,
auch wenn es sich vorübergehend
in seinem Schatten verliert.

„Du bist mehr als der Schatten, den du mir zeigst."

Diese immerwährende Geisteshaltung, auch in schwierigen Zeiten nie aufzugeben, ist eines der größten Geschenke an dein Kind. Siehe dieses Kind innerhalb seines höchsten Potenzials eingebettet, das sich jederzeit grenzenlos erweitern kann, als nichts Geringeres, und zwar so lange, bis es dieses Potenzial erschlossen hat – und darüber hinaus. Solltest du es aus Gründen der Erschöpfung oder eigener erfahrener Verletzungen nicht praktizieren können, bitte einen Menschen deines Vertrauens, diese Visualisierung, diese positive Vertrauenshaltung dem Kind gegenüber so lange für dich aufrechtzuerhalten, bis du selbst wieder dazu in der Lage bist.

Es gibt kaum eine schwierigere Erfahrung für ein Kind oder einen Jugendlichen, als in einem Umfeld aufzuwachsen, in dem alle, die es kennt, den Glauben an sein Licht verloren haben.

Sollte dir das deinem Kind gegenüber in der Vergangenheit widerfahren sein, so bitten wir dich, diese Visualisierung rückwirkend in diese Phase hineinzusenden, denn dieses damalige Vergessen könnte das Energiefeld des Kindes beeinflusst und geschwächt haben.

Dieser Aspekt kann nun auch rückwirkend ausgeglichen und, wenn notwendig, geheilt werden.

Ein Schuldgefühl aufgrund dieser damaligen unbewussten Unachtsamkeit würde dich und dein Kind nur verletzen, euch unnötig voneinander distanzieren.

Wir wissen, du liebst dein Kind unendlich.
Quäle dich nicht mit der Illusion einer Schuld.

Auch würde diese Schuld dein Kind belasten. Ihre Auswirkungen würden entlang der Generationsbänder wandern und sich auf es und vielleicht, wenn unerlöst, später sogar auf seine Nachkommen auswirken. Du hast dein Bestes gegeben. Du wächst und veränderst dich stetig. Auch deine vermeintliche Unvollkommenheit dient der Erfahrung deines Kindes, war vielleicht sogar Teil eurer Absprache auf Seelenebene.

Verzeihe dir, liebe dich.

Wenn du dir die Erlaubnis geben kannst, ein stetig Lernender zu sein, während du für dein Kind sorgst, wandelst du in der inneren Größe wahrhaftiger Demut. Gott hat dir bereits vergeben. Warum möchtest du strenger sein als Gott, als das jahrhundertelang vorhandene Bild eines wertenden Gottes.

Gott hatte dir schon vergeben, bevor du selbst wusstest, dass du die Handlung, die du nun bereust, überhaupt vollbringen würdest. Einen ob der Vergebung zögernden, einen strengen Gott hat es nie gegeben. Die Strenge ist der Fantasie und der Kreativität derer entsprungen, die die Vorstellung von Gott in eine Form haben pressen wollen. Im Zentrum deines Herzens, innerhalb der Weite deines inneren Tempels, kannst du die Größe Gottes erahnen. Und innerhalb dieses Zentrums kannst du dir vergeben.

Gib dir im Nachhinein die Erlaubnis, in der Vergangenheit Dinge getan zu haben, die du heute nicht mehr tun würdest, Entscheidungen getroffen zu haben, die du heute nicht mehr treffen würdest, jedoch verweile nicht in der Gram ob dieser damaligen Schritte. Lass es kein ungeteiltes Geheimnis in deinem Leben geben. Wenn noch eine Schweigemauer um Momente deiner Vergangenheit besteht, so bitten wir dich:

Brich diese Mauer des Schweigens.

Verweile nicht eingehüllt in dem Kerker der Geheimnisse. Erschließe dir innerlich die Freiheit, über alles zu sprechen, was du in vergangenen Zeiten manifestiert hast, überwinde Hürden wie Scham und Schuld, denn jedes allein gehütete Geheimnis könnte sich in einen Krankheitsherd verwandeln, deine Schwingung verdichten und dich belasten.

Finde einen vertrauenswürdigen Menschen, dem du dich öffnen kannst. Das Entladen der Bürden war damals die wahrhaftige Intention der Beichte. Denn vergeben war es schon, bevor es deinen Lippen entsprang, ja, noch bevor die Handlung vollzogen war, ja, lange bevor die Entscheidung getroffen war. Nun ist lediglich noch die Notwendigkeit vorhanden, dieses Damalige aus deinem Mehrkörpersystem hinauszuleiten, damit es keine subtile Macht mehr über dich hat, damit du wahrlich in der Gegenwart leben kannst und nicht durch die Schatten der Vergangenheit gelenkt oder gar gepeinigt wirst.

Denn von allen Emotionen des irdischen Seins sind es Scham und Schuldgefühle, die euer Wachstum am meisten einengen und das größte emotionale Gefängnis kreieren. Sie sind die unproduktivsten Emotionen. Viele andere intensiv erfahrene Emotionen verhelfen euch zu unbeschreiblichem Wachstum, diese beiden jedoch beengen euch und halten euch in der Illusion der Kleinheit.

Scham und Schuld in euch
schaffen eine Mauer der Trennung
zwischen euch und eurem Nächsten.

Sie unterscheiden sich deutlich von dem Gefühl wahrer Reue, aus dem heraus ihr um Vergebung bittet. Wenn ihr euch in die Erfahrung der Reue hineinbegebt, seid ihr euch eurer Ebenbürtigkeit gegenüber dem Menschen, den ihr um Verzeihung bittet, bewusst.

Empfindet ihr jedoch Scham und Schuld, stellt ihr euch gewissermaßen „unter“ andere Menschen und wandelt in einem Gefühl der missverstandenen Demut, die sich deutlich von wahrer spiritueller Demut unterscheidet.

In dem Moment, in dem ihr Schuld und Scham aus eurer Realität verabschiedet habt, habt ihr den nächsten großen, mutigen, radikalen und wichtigen Schritt in das Wandeln innerhalb eurer wahren Göttlichkeit getan.

Mit diesem Schritt tut ihr nicht nur euch, sondern auch eurem Gegenüber den größten Gefallen, denn indem ihr die Schuld- und Schammauern gesprengt habt, seid ihr wieder berührbar, erfahrbar, greifbar geworden. Wahre Versöhnung, wahrhaftige Nähe, ein lebendiger Neuanfang werden somit möglich.

Es ist eines der größten Geschenke, das ihr euren heranwachsenden Kindern reichen könnt, euch zu eurer Fehlbarkeit, zu eurer Menschlichkeit zu bekennen und sie wissen zu lassen, dass auch ihr noch lernt, obwohl ihr bereits erwachsen seid. Dies ermöglicht es euren Kindern, sich selbst verzeihen zu können, nachdem sie Fehler begangen haben, und von sich selbst keine Perfektion zu erwarten.

Würden sie mit „perfekten“, fehlerlosen Eltern aufwachsen, die sich nie eingestehen könnten, sich geirrt zu haben, wäre dies ein großer Druck auf den Schultern der Kinder: Sie würden mit der unausgesprochenen Erwartungshaltung heranwachsen, später unfehlbar sein zu müssen. Auch könnte ein „perfektes Elternteil“ die spätere Partnerfindung des herangewachsenen Kindes erschweren, denn es könnte nach der Verkörperung eines „unerfüllbaren Ideals“ Ausschau halten.

Je mehr Druck ihr von euch fallen lasst,
desto mehr Freiheit
schenkt ihr euren Kindern.

Eure euch selbst und ihnen eingestandenen Fehler sind eure größten Geschenke an eure Kinder, denn sie sind das Tor, Erwachsene werden zu dürfen, die nicht immer perfekt sein müssen. Kostbarer als das schönste Geschenk, das ihr euren Kindern je kaufen könntet, sind folgende Worte:

„Ich habe mich geirrt."
„Heute würde ich es anders machen."
„Ich habe durch diese Erfahrung gelernt."
„Es tut mir leid. Bitte verzeihe mir. Ich liebe dich."

☆☆☆

„Wie soll man sich verhalten, wenn man jemandem gegenübersteht, der sich im negativen Ego befindet?"

Achte darauf, deine Schwingung zu stabilisieren beziehungsweise diese noch mehr zu erhöhen. Das ist das größte Geschenk an dein Gegenüber, denn es erleichtert ihm, die eigene Schwingung ebenfalls wieder zu erhöhen. Ihr alle kennt Methoden, mit denen ihr eure Schwingung verfeinern könnt.

VIELLEICHT könnt ihr euch in eurem Humor verankern, einen Witz erzählen.

VIELLEICHT könnt ihr lächeln, tiefer durchatmen, euch mehr erden.

VIELLEICHT könnt ihr das Wachstum, das Lichtvolle und das Positive an dieser Situation und Zusammenkunft erkennen.

VIELLEICHT könnt ihr bewusst das Licht, das Göttliche im anderen affirmieren, auch und gerade dann, wenn dieser es vorübergehend vergessen haben sollte.

Wichtig ist es, dem Sog zu widerstehen, ebenfalls ins negative Ego zu fallen und aus diesem heraus vielleicht mit diesem Menschen zu streiten. Euer Ego möchte sich sofort auf das negative Ego des anderen einschwingen, um dann ein energetisches Tauziehen zu veranstalten. Aber das Höhere Selbst möchte in einer hohen Vibration, die mit lichtvollen Emotionen verbunden ist, verweilen, damit eure Schwingung und somit eure Manifestationskraft und euer Ausdruck des Höchsten, das zu sein ihr in der Lage seid, erhalten bleiben.

Eure Seele trauert, wenn ihr euch jedes Mal verdichtet, wenn ihr anderen negativen Egos, die sich gerade ausdrücken, begegnet. Ein eigenermächtigter, sich selbst liebender Mensch versteht es, die Schwingung zu erhöhen, wenn ein negatives Ego ihm begegnet.

Es fällt euch leichter,

WENN ihr das Höchste und das Positivste dieses Menschen, das ihm wahrhaftig innewohnende Licht sehen könnt.

WENN ihr diesen Menschen lieben könnt wie ein kleines Kind, das die Trotzphase durchläuft.

WENN ihr das kleine verletzte Kind seht, das sich aufbäumt, und wenn ihr, in der Liebe verankert, verweilen könnt.

WENN ihr dann auch für euch den göttlichen Vordruck dieses Menschen erkennen könnt.

Wenn ihr nicht die Spitze des Eisberges seht, diesen sich in der Negativität zeigenden Menschen, der seinen Schatten ausdrückt, sondern die Illusion, in der sich dieser Mensch momentan befindet, von seiner eigentlichen größeren Wahrheit unterscheiden könnt. Die Wahrheit ist größer, die Wahrheit ist höher, die Wahrheit ist etwas anderes, wenn ihr jenseits des Schattens die Größe der Seele des Menschen seht.

Das ist Teil des Meisterpfads für alle Seelen auf dem Weg der Weiterentwicklung. Denn ist es nicht ein Leichtes, sich mit den Menschen im Frieden zu befinden, mit denen ihr schon immer in angenehmer Resonanz wart?

Eure Meisterschaft zeigt sich dann, wenn ihr auch Menschen, denen gegenüber ihr einen natürlichen Widerstand empfindet, in Liebe umarmen könnt, wenn ihr euer Herz auch für diese öffnen könnt, und ohne Ausnahme werdet ihr sehen: Sobald ihr in eurem Gegenüber den göttlichen Funken erblickt, zeigt sich dieser Mensch schon von einer ganz anderen Seite. Er lächelt, strahlt, das Herz öffnet sich, es verändert sich etwas energetisch zwischen ihm und euch, und ein anderer Rapport, ein anderer Kontakt entsteht. Dieser Mensch öffnet sich euch gegenüber und beginnt, auch euch in einem anderen Licht zu sehen.

Wenn ihr die Tür dadurch öffnet, dass ihr das Göttliche, den

Funken Gottes in diesem anderen Menschen erblickt, auch dann, wenn er euch dies vielleicht durch sein Verhalten oder das Demonstrieren von Ablehnung oder Widerstand erschwert, öffnet sich die Tür, und dieses Göttliche kann sich wahrhaftig, durch diesen Menschen ausgedrückt, offenbaren.

Manchmal kann Zeit verstreichen, bis dieses eintritt. Glaube nicht, dass dir in deinen Mühen, Obiges umzusetzen, ein Fehler unterlaufen sei, dass du vielleicht nicht liebevoll genug warst, wenn diese Veränderung im Gegenüber nicht sofort geschieht.

Manchmal existieren in euch Menschen große Widerstände. Vielleicht handelt es sich um eine karmische Situation?

Wandel und Heilung benötigen manchmal Zeit.

PRAKTIZIERE Geduld.

LÖSE DICH von eventueller Anhaftung.

VERTRAUE, dass es zum göttlichen Zeitpunkt geschieht und dass auch diese scheinbare Verzögerung einen wichtigen Schritt in diesem Transformationsprozess darstellt.

GIB ES AB, lege es in die Hand deiner ICH BIN-Gegenwart, deiner Seele, lege es in göttliche Hand, sodass es sich außerhalb deiner alltäglichen, irdischen Verantwortungszone befindet. Warte nicht darauf.

BITTE DARUM, dass durch die Höchste Quelle für die lichtvolle Erlösung dieser Situation gesorgt wird.

Widerstehe dem Sog, den Zeitpunkt des eintretenden Erfolgs kontrollieren zu wollen, oder dich auch nur der Illusion hinzugeben, das Eintreten dieses Zeitpunkts kontrollieren zu können.

LEGE ES IN GÖTTLICHE HAND.

Es wird geschehen.

Du brauchst keinerlei Verantwortung für den genauen Moment zu übernehmen.

Sei reinen Herzens,
dies ist das einzig Notwendige.

Nächstenliebe?

Diese Frage ist gleich eine wunderbare Brücke von der Selbstliebe zur Nächstenliebe. Denn die praktikable, die angewandte, die gelebte Nächstenliebe ist automatisch die Folge der verankerten Selbstliebe. Wenn ihr die Liebe in eurem Herzen gefunden habt, ist für euch nichts anderes mehr möglich, als euren Nächsten zu lieben. Auch wenn dieser sich in negativem Ego zeigt, seht ihr darüber hinweg und erblickt das Höhere, das Höchste.

Wir möchten euch von einer Reisenden berichten, die sich inmitten der Turbulenzen einer Stadt dieser Erde nach Stille sehnt, nach Stille, vielleicht auch nach unserem Flüstern oder nach mehr. In ihrer stillen Sehnsucht wird sie in eine Kirche geführt, vom Duft des Weihrauchs umhüllt, von sehnsüchtig erhoffter Stille eingebettet.

Ein Gefühl des inneren Friedens überkommt sie. Ist das innerer Frieden? Ist das wahrhaftiger innerer Frieden? Empfinden alle, die diesen Ort aufsuchen, inneren Frieden? Wie lange wird er anhalten?

Einige sitzen auf den Bänken, manche mit geschlossenen Augen, ins Gebet vertieft. Den Frieden der anderen Kirchenbesucher nicht stören wollend, schreitet sie besonders achtsam, beinahe schleichend, wie auf einem zerbrechlichen Boden gehend, in den Bereich der Kirche, in dem die Lichter brennen. Ist heute etwas anders als sonst?

Dort steht ein junger Mann. Schlank, hochgewachsen, langes, leicht gewelltes, dunkles Haar, braune Augen. Fast könnte er an jemanden erinnern, der seinerzeit ähnlich aussah.

Er räuspert sich, hält für einen kurzen Moment inne, und die Tiefe seiner Augen leuchtet und berührt das Zentrum ihrer Seele. Seine Präsenz. Seine Schlichtheit. Seine Bescheidenheit. Er wirkt versunken in diesen Moment. Weder Vergangenheit noch Zukunft scheinen für ihn existent. Er ist präsent.

Die Reisende kann ihren Blick nicht von ihm abwenden, er hat sie jedoch noch nicht bemerkt.

Sie hört seine Worte: „Meine Freundin und ich verkaufen diese Teelichter für 60 Cent das Stück, denn sie ist schwanger, und wir müssen nur noch weitere 15 Euro zusammenbekommen, dann haben wir das Geld für ein kleines Zimmer zusammengespart, derzeit sind wir obdachlos. Meine Freundin hat in diesem Land keinerlei Rechte, sie kommt aus Äthiopien, und wir ..."

Eine laute gereizte Stimme unterbricht ihn: „Ach, lassen Sie mir doch meine Ruhe, 60 Cent für eine Kerze, wo man sie hier für 20 Cent in der Kirche bekommen kann, was für eine Frechheit!" Daraufhin stößt eine vor Wut gerötete Frau ihn unsanft zur Seite, um, immer noch vor Wut schnaufend, eines der neben den bereits brennenden Kerzen aufgestapelten Teelichter zu nehmen, dieses versehentlich fallen lässt und, ohne es aufzuheben, eine weitere Kerze nimmt, diese anzündet und erhobenen Hauptes, mit wehendem Pelzmantel, einen süßlichen Parfumgeruch hinter sich herziehend, mit aufeinandergebissenen Kiefern und zusammengezogener Stirn aus der Kirche stürmt.

Ohne auch nur die geringste Reaktion, ohne einen Seufzer oder einen einzigen zuckenden Gesichtsmuskel, ohne die kleinste stimmliche Veränderung wendet sich der junge Mann, vielleicht ist er siebzehn Jahre alt, freundlich und zurückhaltend einer weiteren Kirchenbesucherin zu:

„Wir haben extra rot umrandete Teelichter gekauft, damit man sie von den anderen unterscheiden kann ..."

Wieder wird er unterbrochen, ohne dass er seinen Satz zu Ende hätte sprechen können, und erhält eine ähnliche Reaktion wie zuvor.

Die Reisende ist so tief berührt von seiner Klarheit, seiner Weichheit, seinem Licht, seiner Entschlossenheit, seinem Fokus. Er wird ein wunderbarer Vater sein.

Im Hintergrund auf einer der Kirchenbänke, zu müde, um zu stehen, sitzt eine junge hochschwangere Frau, vielleicht ist sie sechzehn Jahre alt. Sie strahlt eine unbeschreibliche innere und äußere Schönheit und Weichheit aus, anmutig, lächelnd, zentriert, geduldig.

Kein Hauch von Nervosität, Angst, Ungeduld, Verurteilung oder auch Verletztheit durch die Reaktion der Angesprochenen.

Ihre Zähne strahlen im Kontrast zu ihrer dunkelbraunen Haut, ihre zarten, anmutigen Hände sind in ihrem Schoß gefaltet, der deutlich zeigt, dass ihm in wenigen Wochen neues Leben entspringen wird. Ihr in vielen kleinen Zöpfen geflochtenes Haar ist sorgfältig zurückgebunden, ihre großen braunen Augen sind müde, aber sie haben ihren Glanz und ihre Hoffnung nicht verloren.

Wahrhaftige Hingabe, wahrhaftige Annahme, wahrhaftige Präsenz in diesem Moment. Wahrhaftige Bereitschaft, dass sich in diesem Moment etwas ändern möge. Wahrhaftiges Vertrauen, bald in einem Bett in einem warmen Zimmer zu liegen. Die Schwangere erwidert keinen der kritischen Blicke, mit denen sie gestreift wird.

Die Reisende schluckt. Einmal. Zweimal. Dreimal. Langsam fließt eine Träne ihre Wange entlang. Ihre Füße bewegen sich wie von selbst auf den jungen Mann zu. Zwei braune, unbeschreiblich klare Augen schauen ihr direkt in die Seele.

Sie kauft Kerzen. Viele Kerzen. Mehr als sie jemals gekauft hat. Die Reisende und der Kerzenverkäufer sprechen einige Worte miteinander. Eine Kirchenbesucherin starrt sie beinahe fassungslos an, geht in einem kleinen Bogen um sie herum, um ihr weniger nahe zu sein. Die Reisende schaut in die Augen des Mannes. Klare, braune, sanfte Augen.

Aus dem Augenwinkel sieht sie eine transparente Gestalt, die sich lächelnd und liebevoll über sie beugt und ihr zuflüstert: „Du kannst mir in jedem Menschen begegnen."

Die Reisende dreht den Kopf zur Seite, löst ihren Blick von den braunen Augen, schaut dorthin, wo eine Sekunde zuvor jemand scheinbar gesessen und mit ihr gesprochen hatte. Hatte nicht jemand gesprochen? War da nicht ein Flüstern gewesen? Die transparente Gestalt scheint verschwunden zu sein.

Erneut schaut die Reisende den jungen Kerzenverkäufer an. Aus dem Augenwinkel sieht sie ihn wieder, diesen transparenten Mann, schlank, hochgewachsen, langes, dunkles, gewelltes Haar. Fast ähnelt er dem jungen Kerzenverkäufer. Die Gestalt scheint ihr zuzuzwinkern ...

Die Reisende schaut zur werdenden Mutter. Hört sie ihn? Hört sie ihn nicht? Hört sie ihn noch nicht? Dieses Mal noch nicht? Vielleicht morgen? Übermorgen?

Etwas unschlüssig nähert sich eine neue Person: „Hm, gut, ich nehme auch eine Kerze." Das schlanke transparente Wesen lächelt.

Schnell geht die Reisende einige Schritte zur Seite. Es bereitet ihr Freude, die Kerzen anzuzünden. Mehr Freude als jemals zuvor.

Auf dem Weg zu den Sitzbänken teilt sie einen kurzen Blickkontakt mit der anmutigen schwangeren Frau. Sie setzt sich und achtet darauf, genügend Abstand zur werdenden Mutter zu halten, für den Fall, dass diese allein sein möchte. In stiller Bewunderung kann sie ihren Blick nicht von der erwartenden Mutter lösen. Eine besondere Energie scheint sie zu durchströmen.

„Ich war auch kein Weißer“, flüstert er. Er lächelt. Sie lächelt. Kann sie ihn auch sehen? Die Reisende lächelt. Das transparente Wesen, das sie nur aus den Augenwinkeln sehen kann, lächelt.

„Auch meinen Eltern ward manche Tür nicht aufgetan, als ich mich ankündigte“, flüstert er. Eine Träne gleitet langsam an der Wange der baldigen Mutter entlang.

Ja, auch sie kann ihn hören. Die Reisende lächelt sie an. Diese zwinkert ihr zu. Sie wird ihrer Aufgabe wunderbar gewachsen sein.

Noch einmal an die wütend herausstürmende Frau denkend, will ein Hauch von Bitterkeit die Reisende überkommen, als sie neben sich das Flüstern vernimmt „Denk daran, du kannst mir auch begegnen, falls du die Frau im Pelzmantel wieder treffen solltest.“ Sie sitzt und lächelt.

☆☆☆

Ihr alle kennt vielleicht jemanden, dessen negatives Ego euch herausfordert. Jemanden, auf den ihr eine Reaktion habt, durch die sich euer Herz ein bisschen schließen möchte. Eure Schwingung verdichtet sich vielleicht, oder ihr spürt, dass sich eure energetische Schwingung senkt, wenn ihr an diesen Menschen denkt. Vielleicht empfindet ihr einen sofortigen Widerstand, oder ist es so, als würde eine Wolke vor die Sonne geweht werden.

Nun bitten wir euch, in diesem geschützten Rahmen unserer Überleuchtung, in dem keine eurer eventuell für ihn vorhandenen Negativität diesen Menschen berühren kann – auch dann nicht, wenn ihr in einer verdichteten Schwingung an ihn denken würdet –, diesen Menschen zu visualisieren, über den ihr, wenn ihr ehrlich seid, negativ gedacht oder bereits negative Worte gesprochen habt.

Nun dürfen wir schmunzeln, denn immer haben wir einen Sinn für Humor, und wir schmunzeln über die Ehrlichen von euch, die gerade gedacht haben: „Oh Gott, da ist ja eine ganze Schlange von Leuten vor mir!" Dadurch wird euch vielleicht bewusst, wie häufig ihr in den letzten Wochen und Monaten gewertet habt, wenn ihr ehrlich seid. Das amüsiert uns sehr, auf liebevolle Weise. Und wir wissen, dass ihr auch über dieses Muster hinauswachsen werdet, so, wie ihr schon vieles andere habt hinter euch lassen können.

Vielleicht möchtet ihr eure Aufmerksamkeit für einige Momente auf das allererste Gesicht fokussieren, das euch eingegeben wurde, und nun dürfen wir wieder schmunzeln und sagen: Einige von euch haben eine lange Nacht vor sich, bis sie die ganze Schlange entlang meditiert haben.

Wir sind deswegen so amüsiert, weil wir euch immer energetisch betrachten, so, wie ihr euch jetzt auch energetisch betrachtet, und bei manchen von euch sehen wir solche Menschenschlangen an Verurteilten, dass es nicht verwunderlich ist, dass unsere geliebten Geschwister vor lauter Bäumen den Wald nicht mehr sehen können. So viele Verurteilungen, dass Klarheit nur schwinden kann.

Viele haben schon sehr tiefgehend und herzoffen in sich geschaut und erkannt, dass diese Verurteilungen ihre Projektionen sind, daher sehen wir bei etlichen diese Menschenschlangen bereits nicht mehr. Wir lächeln, um diejenigen, bei denen noch eine Schlange präsent ist, mit unserem Humor mitzureißen, damit sie sich nicht ver- oder beurteilen oder bewerten, sondern fröhlich mit dieser Aufforderung beginnen.

Nicht zuletzt möchten wir euch auch liebevoll in Erinnerung rufen: Ihr verletzt mit diesem Urteil nicht so sehr die anderen, sondern hauptsächlich euch selbst. Die Verurteilung des anderen ist nichts als eine getarnte Selbstverurteilung. Der Pfeil, den du dem anderen ins Herz stoßen möchtest, hinterlässt nicht zuletzt in dir eine blutige Wunde. Du bist mehr als ein im Urteil gefesselter Mensch. Wir wissen das, wir erinnern uns an dich. Auch wir urteilten. Nun kannst du für dich wählen, jenseits des Urteils zu wandeln.

So schau dir dieses vor dir befindliche Gesicht an und erhebe dich über deine Verurteilung, vertiefe dich in dein Höheres Selbst, erhöhe deine Schwingung, begib dich in die höchste zur Verfügung stehende Liebesschwingung, verbinde dich mit der Schwingung, die du empfindest, wenn du den Menschen umarmst, für den du die höchste Liebe empfindest, die wahrzunehmen du in der Lage bist.

Visualisiere diese Umarmung und sei in Kontakt mit und in dieser Schwingung, ohne den ehemals „Verurteilten“, den ehemals „Angeklagten“ anzuschauen, betrachte nun den göttlichen Vordruck dieses Menschen und die atemberaubende Schönheit dieser Seele und meditiere für einige Momente in der Stille mit dieser wunderschönen Seele.

In dieser heiligen Geometrie, mit dieser in ihrer Imperfektion perfekten Wesenheit, mit diesem Ausdruck des Göttlichen. Dieser Mensch ist wie eine energetische Mandala, wie ein Edelstein oder eine Schneeflocke, die keiner zweiten im gesamten Universum gleicht. Ein absolut atemberaubend schönes Unikat.

WIR BITTEN DICH nun, in Achtsamkeit, in Berührtheit und auch in höflicher Zurückhaltung aus dem Augenwinkel heraus dieser Schönheit für einige Momente beizuwohnen.

WIR BITTEN DICH nun, dich innerlich vor dieser göttlichen Kreation zu verneigen, und das nicht aus einer dich erniedrigenden Demut heraus, sondern aus der Verankerung der angewandten Selbstliebe und aus der inneren Haltung der Meisterin, des Meisters heraus, der oder die du bereits bist. Kannst du diesem Menschen folgende Schwingung senden?

„Der Meister in mir dankt dem Meister in dir; die Meisterin in mir achtet die Meisterin in dir."

WIR BITTEN DICH, während du in Hingabe deinen spirituellen Weg gehst, allen Seelen in dieser Haltung zu begegnen. Das muss nicht viel Zeit in Anspruch nehmen. Sobald es dein Bewusstsein berührt, noch einmal in die Verurteilung gefallen zu sein, erinnere dich an dein Hohes Selbst, SEI dieses Hohe Selbst und erhebe deine Haltung diesem Menschen gegenüber in eine Haltung der Meisterschaft, der Achtung, der Demut, der Ebenbürtigkeit, des inneren Lächelns.

Sobald du diese Meditation in Ehrlichkeit JEDEM MENSCHEN gegenüber praktizieren kannst, wird dir das Leben nach kürzester Zeit mit keinen unüberwindbar erscheinenden zwischenmenschlichen Hindernissen mehr begegnen. Es ist ein Weg, der mit den Füßen, dem Herzen, den Händen und dem Bewusstsein eines Meisters gegangen wird. Sei achtsam bezüglich deines aufkeimenden inneren Widerstands, des negativen Egos, das eventuell wieder und wieder innehalten möchte. Vielleicht wird dein Ego Tausende von Gründen finden, dir einflüstern zu wollen:

„Bei diesem Menschen funktioniert das nicht.“
„Heute ist nicht der richtige Zeitpunkt.“
„Dieser Mensch hat sich so extrem verhalten, da darf man werten, das ist etwas anderes.“

Vielleicht ist dein Ego sehr kreativ. Vielleicht fallen ihm viele Gründe ein, diese von uns beschriebene innere Haltung nicht einzunehmen. Wie wäre es, wenn du dieses Ego-Geflüster liebevoll annehmen und dich immer wieder über es hinausheben würdest?

Möchtest du erfahren, was dann in deinem Leben geschieht?
Möchtest du dich auf dieses Experiment einlassen?

☆☆☆

„Was ist, wenn sich Nächstenliebe und Selbstliebe widersprechen?“

Wenn du diese Frage aus der Perspektive nicht physischer Form betrachtest, können Nächstenliebe und Selbstliebe einander nicht widersprechen, denn dein Nächster und du – ihr seid eins!

Alles, was du deinem Nächsten zuliebe tust, tust du für dich. Und die Liebesenergie, die dich durchströmt, um deinem Nächsten zu dienen, fließt direkt und potenziert zu dir zurück!

In unserer Dimension ist der Dienst am Nächsten
immer auch ein Dienst am eigenen Selbst.

Befindet sich dein Leben im Gleichgewicht, wird es dir niemals an etwas mangeln, sobald du deinem Nächsten dienst.

Diese Dynamik ist sogar so kraftvoll, dass sie dir dabei behilflich sein kann, deine höchsten Sehnsüchte zu manifestieren: Erkenne, wonach du dich am meisten sehnst, verhilf in bedingungsloser Liebe und selbstlosem Dienst einem anderen Menschen, der diese Sehnsucht mit dir teilt, zu der Erfüllung in seinem Leben. Das ist einer der schnellsten und am höchsten schwingenden Wege, deine tiefsten Sehnsüchte zu erfüllen.

Diese Gesetzmäßigkeit ist immer dann aktiv, wenn du frei von jedweder Agenda, frei von jedwedem Hintergedanken gibst.

GIBST DU hauptsächlich aus der Intention heraus, zu empfangen, deaktivierst du durch diese Berechnung diesen Mechanismus.

GIBST DU aus einem Gefühl des Mangels heraus, indem du dich über den anderen erhebst,
GIBST DU aus einem blinden Fleck heraus,
GIBST DU nicht fließend und bedingungslos,
SO ist obige Gesetzmäßigkeit deaktiviert.

Innerhalb unserer Dimensionen, der Dimensionen der Aufgestiegenen Meister, Elohim, Engel und Erzengel ist es sehr leicht, sich dieser Dynamik hinzugeben.

In eurer Dimension ist diese Dynamik nicht immer in der gleichen Leichtigkeit erfahrbar. Dies hängt mit den von Zeit zu Zeit variierenden Bedürfnissen eures physischen Körpers zusammen, mit euren körperlichen Grenzen.

Aufgrund eurer physischen Existenz seid ihr nicht in der Lage, endlos zu geben, denn das könnte euch physisch ausbrennen und erschöpfen.

Es gibt Zeiten, in denen es sehr angemessen für euch ist, viel zu geben, und dann wiederum gibt es Zeiten, in denen es nährend, heilsam und notwendig für euch ist, euch etwas zurückzuziehen und euch verstärkt dem Empfangen zu widmen.

Seid ihr diesbezüglich aus dem Gleichgewicht gefallen, indem ihr über einen längeren Zeitraum hinweg mehr gegeben als empfangen habt oder mehr auf die Bedürfnisse anderer geschaut und die eurigen dabei vergessen habt, kann euch genau das oben Erwähnte geschehen.

Die Bedürfnisse eures Nächsten scheinen im Widerspruch zu euren eigenen zu stehen.

Sollte dies in eurem Leben geschehen sein, lautet unsere Antwort:

Bringt euch in die Ausrichtung mit dem göttlichen Willen und sorgt zunächst gut für euch selbst. Nährt euch.

In manchen Situationen wisst ihr vielleicht nicht, ob es der Selbstliebe widersprechen würde, der Bitte eures Nächsten nachzukommen, ob ihr zu dem Zeitpunkt, an dem diese an euch herangetragen wird, mehr als ausreichend vom Leben genährt seid, um sie zu erfüllen.

In diesen Fällen bitten wir euch, für einen Moment innezuhalten, euren inneren Tempel aufzusuchen und an diesem Ort der Ruhe in eurer inneren Mitte den Kelch des Lebens zu visualisieren.

Den Kelch eurer Lebenskraft.

Wie sieht er heute aus?

Steht er aufrecht, oder wurde er durch eine vorhandene Erschöpfung oder kürzliche Geschehnisse innerhalb eures Lebens sogar umgeworfen?

Glänzt er, oder ist er matt?

Befindet sich in ihm Wasser? Sind nur einige Tropfen in ihm, ist er halb voll oder bis zum obersten Rand gefüllt?

Sollte er leer oder halb voll sein, so bitten wir euch liebevoll, zu ruhen, wann immer es möglich ist, und euch die Ruhe zukommen zu lassen, die ihr braucht. Sollte er gefüllt sein, möchten wir euch gratulieren. Ihr habt gut für euch gesorgt und die angewandte Selbstliebe erfolgreich praktiziert.

Dennoch bitten wir euch:

Bringt euren Kelch zum Überfließen.

Erst wenn euer Kelch nicht nur voll ist, sondern überfließt, habt ihr genug, mehr als genug, um zu geben.

Würdet ihr aus dem vollen, nicht überfließenden Kelch heraus geben, würdet ihr nicht durch, sondern von euch geben, würde sich euer Kelch so lange leeren, bis er erst halb voll, dann leer wäre und schließlich von eventuellen Stürmen des Lebens umgeworfen werden könnte.

Gebt ihr jedoch aus dem überfließenden Kelch, gebt ihr nicht von euch, sondern ihr seid das Vehikel, durch das eine höhere Energie fließt.

Ihr seid das göttliche Instrument,
durch das gegeben wird.

So wird euch nichts von euch genommen.

So ermüdet ihr nicht. Ihr seid durchflutet vom Fluss des Lebens, der euren Kelch immer wieder und unermüdlich füllt und diesen zum Überfließen bringt, sodass ihr alles Überfließende teilen könnt.

Ihr seid in Verbindung mit dem Quell des Lebens, dem Fluss des Lebens, und versteht es, euch von diesem nähren und ihn durch euch wirken zu lassen.

Wann immer ihr einem Menschen aus diesem Seinszustand heraus gebt, ist das Gegebene ein großes Geschenk, das euch nichts nimmt.

Dann sind Selbstliebe und Nächstenliebe miteinander im Einklang.

Wenn euer innerer Kelch, der in eurem Herzen verankert ist und dessen Wasser Lebensenergie und Kraft symbolisiert, gut gefüllt ist, so sehr, dass er überfließt, dass ihr mehr Energie zur Verfügung habt, als ihr für euch selbst benötigt, dann fragt euren Nächsten: „Wie darf ich für dich da sein?"

Wenn euer Kelch gefüllt ist und überfließt, entspringt euer Geben der höchsten Quelle, dann gebt ihr in der höchsten Qualität, dann empfängt euer Gegenüber das Beste.

Das ist möglich, wenn ihr euch vorher nicht nur ausreichend oder gut, sondern sehr gut genährt habt. Wenn ihr auf energetischer, emotionaler oder mentaler Ebene ausgehungert seid, kann aus diesem Zustand sehr leicht ein Widerspruch zwischen angewandter Nächstenliebe und Selbstliebe entstehen.

Sollte euch dieses bereits widerfahren sein, ist es an der Zeit, euch eine Auszeit zu nehmen und, soweit es möglich ist, einen Rückzugsort zu wählen, um euch eine Zeit der Aufladung, der Energetisierung zu gönnen.

Vielleicht möchtet ihr euch in die Natur oder an einen für euch leicht erreichbaren Platz der Stille zurückziehen. Möglicherweise kann ein einziger Tag bereits ausreichend sein, vielleicht sind drei Wochen notwendig.

Nachdem ihr daraufhin wieder im Einklang mit euch und somit mit dem gesamten Universum seid, gibt es wieder einen synchronen Fluss innerhalb eures Lebens, in dem niemand etwas von euch fordern wird, das zu erbringen ihr nicht in der Lage seid. Es sei denn, diese Forderung geschieht als gottgegebene Gelegenheit, damit ihr lernt, eure Energie in euch zentriert zu halten, es zu praktizieren, eure Bedürfnisse und Grenzen wahrzunehmen und zu kommunizieren.

Es reduziert weder euren menschlichen noch euren spirituellen Wert, wenn ihr einem anderen Menschen einmal „Nein" sagen müsst, um somit das notwendige „Ja" zu euch selbst und zu euren Bedürfnissen aussprechen zu können. Für viele spirituelle Menschen kann es noch eine große Herausforderung darstellen, dieses ehrliche, oft notwendige „Nein" auszudrücken.

Jedoch bitten wir dich zu erkennen, dass ein „Ja", das du nur zugestehst, weil du nicht weißt, ob dein Gegenüber dein „Nein" annehmen kann, immer einen unbewussten Ausdruck einer subtilen Erniedrigung gegenüber der anderen Person darstellt. Glaube an die Größe deines Nächsten, auch dein „Nein" annehmen und die Konsequenzen dieses „Neins" tragen zu können. Durch den Mut, dein ehrlich empfundenes „Nein" auszusprechen, erweist du deinem Nächsten gegenüber großen Respekt.

Wenn die Anforderungen nur so auf dich einzuhageln scheinen, ist es an der Zeit, vielleicht Telefon und Türglocke läuten zu lassen, die Vorhänge zuzuziehen, dich ins Bett zu legen, zu ruhen und dich selbst wieder deutlicher wahrzunehmen.

WER bin ich?
WAS brauche ich?
WIE kann ich das äußere Tempo meines Lebens verlangsamen?

Sobald sich diese Fragen für dich beantwortet haben, empfindest du in dir wieder einen deutlichen Zugang zu deiner Antwort auf folgende Frage: „Welchen Bitten oder Anforderungen möchte mein Höheres Selbst gerecht werden, und welche sind nicht in Resonanz mit mir? Würde ich dieser Bitte um Hilfestellung nachkommen, würde ich den Forderungen des Egos meines Gegenübers oder wahrhaftig seinem höchsten Weg dienen?"

Wie ihr wisst, sind nicht alle Hilfestellungen, die ihr vielleicht leistet, euren Mitmenschen dienlich. Manchmal ist es der größte spirituelle Dienst, die größtmögliche Nächstenliebe, die ihr einem anderen Menschen erweisen könnt, zu sagen: „Nein!" Das ist immer dann der Fall, wenn dieses „Nein" eurem Höchsten dient, wenn dieses „Nein" eurer höchsten Wahrheit entspricht.

Denn

NÄCHSTENLIEBE HEISST NICHT, blind alles zu tun, worum ihr gebeten werdet.

NÄCHSTENLIEBE HEISST NICHT, „Ja" zu sagen, wenn euer Herz „Nein" empfindet.

NÄCHSTENLIEBE HEISST NICHT, Kompromisse einzugehen, unter denen ihr leidet.

NÄCHSTENLIEBE HEISST NICHT, die anderen immer zuerst zu versorgen und euch zuletzt.

NÄCHSTENLIEBE HEISST NICHT, das zu tun, was gefordert ist.

NÄCHSTENLIEBE BEDEUTET wahrzunehmen: „Was brauche ich, und was braucht der andere?"

Gelegentlich hat das wahrhaftige und unausgesprochene Bedürfnis des anderen Menschen, das vielleicht von ihm selbst nicht wahrgenommene Bedürfnis, nichts mit der ausgesprochenen Forderung zu tun.

Daher kann euer „Nein“ ein großer Dienst an eurem Nächsten sein, der durch eure Grenze dorthin geführt wird, seine eigentlichen, unter seinen Forderungen befindlichen Gefühle, Emotionen und wahrhaftigen Bedürfnisse wieder zu empfinden und wahrzunehmen.

Vielleicht werdet ihr sogar, vollkommen unerwartet, erfahren, dass sich die Menschen bei euch für das eine oder andere „Nein“ bedanken, das im Einklang mit der göttlichen und eurer höheren Wahrheit war, und somit im Einklang mit allem, was für alle Beteiligten angemessen war.

„Danke, dass du mir diese Grenze gesetzt hast.
Ich habe viel dadurch gelernt.“

Nicht immer geschieht das sofort, nicht immer geschieht es am nächsten Tag, manchmal geschieht es nie, möglicherweise könnte sich jemand über einen langen Zeitraum hinweg beleidigt fühlen, denn manchmal ist das irdisch identifizierte Selbst noch nicht bereit zu erkennen, dass dein „Nein“ ein großes und notwendiges Geschenk war. Ihre vielleicht nicht vorhandene Wertschätzung deiner Grenze ist keineswegs ein Zeichen, dass du unangemessen oder gar egoistisch gehandelt hast.

Fokussiere dich nicht auf ihre Reaktion.

Ihr Lernprozess, ihr Wachstum, ihre Wertschätzung dir gegenüber ist nichts, was deine Aufmerksamkeit von den wahrhaftig wichtigen Aspekten ablenken müsste.

Dein **„JA“** zu dir ist dein Fokus.
Dein **„JA“** zu dir ist der Nährboden deiner Wahrhaftigkeit.
Dein **„JA“** zu dir lässt dein „Ja“ deinem Nächsten gegenüber das einzig wahrhaftige, und somit das einzig wertvolle „Ja“ sein.

Es ist sehr wichtig, Nächstenliebe nicht damit zu verwechseln, allen Forderungen nachzukommen. Wenn du dich in einer Getriebenheit befindest, allen Anforderungen entsprechen zu müssen und dich vielleicht Ängste plagen, wann immer du nicht in der Lage bist, diesem Sog gerecht zu werden, bitten wir dich inniglich, deine hinter dieser Getriebenheit verborgene Angst wahrzunehmen und sie loszulassen, sie zu transformieren.

IST ES die Angst vor Liebesentzug, die Angst, vielleicht nicht mehr geliebt und anerkannt zu werden, wenn du nicht allen diesen Anforderungen entsprichst?
IST ES Existenzangst?
IST ES Angst, die Kontrolle zu verlieren, die Kontrolle entrissen zu bekommen, der Versuchung des Kontrollierens gänzlich zu entsagen?

Welche Angst ist es, die dich vielleicht noch daran hindert, den Forderungen der Welt die Stirn zu bieten?

Wenn du Nächstenliebe auf einer sehr hohen Ebene praktizierst, siehst du den göttlichen Vordruck des Menschen und somit das wahrhaftige Bedürfnis hinter dem Schein. Dann differenzierst du zwischen der ausgesprochenen Forderung oder Bitte und dem, was dahinter liegend wahrhaftig gebraucht wird.

Meditation, Ruhe, Stille und Innenschau sind sehr hilfreich, um Folgendes unterscheiden zu können:

„Wann handelt es sich um meine Projektion und wann um meine Wahrnehmung des göttlichen Vordrucks dieses Menschen, der mir gegenübersteht?“

Es erfordert Übung. Aber durch wiederkehrenden Fokus wächst du daran. Diesen Unterschied zu erkennen, kann ein wichtiger Aspekt deines Wegs zur Meisterschaft sein.

Gottesliebe

Wenn ihr Eigenermächtigung, Selbstliebe und Nächstenliebe praktiziert, sind das einzelne Wege, mit der Gottesliebe in Berührung zu kommen – mit eurer Verbindung, eurer Liebe, eurer Beziehung zu Gott in innigen Kontakt zu treten.

Gottesliebe aus unserer Sicht ist, Gott immer tiefgründiger zu erkennen, ohne jemals eine Limitierung zu sehen, ohne jemals an einem Punkt anzukommen, an dem diese Gottesliebe nicht mehr gesteigert werden kann. Es gibt kein ultimativ komplettes Gottesverständnis, denn das Göttliche ist so mysteriös, so weit, so vollkommen, dass auch wir uns darin immer weiter ausdehnen.

Vor tausend Jahren hatten wir noch ein engeres Gottesverständnis als jetzt. Daher darf das Leben immer ein Mysterium bleiben, unabhängig davon, wie viel verstanden wird, losgelöst davon, wie viele Antworten empfangen werden und wie viel bereits begriffen worden ist.

Dies ist eine Freiheit, keine Limitierung.

Das Göttliche niemals in seiner ganzen Größe erfassen zu können, kreiert keine unerfüllt bleibende Sehnsucht, sondern gibt euch die Freiheit, immerwährend neue Erfahrungen empfangen zu dürfen. In diesem Mysterium in göttlich empfundener Ekstase aufzugehen, kann Teil der angewandten Gottesliebe sein.

Ein rationales Gottesverständnis ist weder notwendig, um ein erfülltes Leben zu führen, noch um Gott erfahren und in ekstatischer Verschmelzung mit dem Göttlichen erblühen zu können.

Angewandte Gottesliebe ist auch das Urvertrauen, das Gottvertrauen und das Erkennen des göttlichen Plans und der Vollkommenheit innerhalb der Unvollkommenheit. In dem Moment, in dem ihr euch nicht mehr über das Leben, die Umstände, die Begebenheiten, die Welt beschweren möchtet, in dem Moment, in dem ihr die Existenz, alle Aspekte und Facetten der Existenz annehmen könnt, so, wie ihr dies zum Beispiel von Buddha kennt, seid ihr in einem wichtigen Aspekt der Gottesliebe angelangt, auch dann, wenn euch das zunächst vielleicht nur vorübergehend und noch nicht dauerhaft gelingt.

In dem Moment, in dem ihr euch bedanken und die Schönheit und Perfektion in allem erkennen könnt, gerade auch im Schwierigen, seid ihr in der Gottesliebe eingebettet.

In dem Moment, in dem ihr wirklich euer ganzes uneingeschränktes „Ja" sagen könnt, „Ja" zu allen Aspekten eures Lebens, „Ja" zu allen Aspekten aller Leben, auch gegenüber denen, gegen die ihr noch vor kurzem starke Widerstände empfunden habt.

Wenn ihr in die Akzeptanz kommt,
in die völlige Annahme der gesamten Existenz,
dann seid ihr in der Gottesliebe verankert.

Ihr könnt euch immer tiefer in der Gottesliebe verankern. Je tiefer ihr in dieser verankert seid, desto mehr Wunder werden geschehen, desto mehr erfahrt ihr auf euren einzigartigen Wegen, wie ihr durch das Göttliche getragen werdet. Darauf aufbauend sehen wir die Verwirklichung des Höheren Selbst.

WENN ihr euch nicht in der Erwartungshaltung anderer und im Versuch, diese zu erfüllen, verliert.

WENN ihr euch nicht darin verliert, anderen zu gefallen oder äußerem Standard zu entsprechen.

WENN ihr euch nicht darin verliert, anderen zu dienen, ohne euch selbst gefunden zu haben.

WENN ihr euch nicht darin verliert, andere auf eine Art und Weise zu lieben, dass ihr euch selbst vollkommen vergesst.

WENN ihr euch darin findet, eurem Höchsten Ausdruck zu verleihen und dadurch euch selbst und andere innerlich berührt, inspiriert, unterstützt.

DANN seid ihr auf dem Weg dorthin oder schon verankert in eurer höchsten Bestimmung, die Hand in Hand geht mit Annahme, Akzeptanz, Hingabe und Gottesliebe.

☆☆☆

„Können wir auch das Leid anderer annehmen, und wenn ja, wie?“

Ihr könnt das Leid anderer annehmen, indem ihr ihre Größe erkennt und achtet, wie sie diesem Leid begegnen. Keiner Seele wird mehr aufgebürdet, als sie zu erfüllen in der Lage ist. Das Leid ist eine Illusion, und manche Seelen wählen Leid, um sich in ihrer Ganzheit zu erkennen. Viele vergessen das, während sie dieses Leid erfahren, aber sie wählen den Weg des Leidens zur Selbsterkenntnis. Sie wählen diesen Weg aus vielerlei Gründen, um zu wachsen und es anderen zu ermöglichen, daran zu reifen, zu wachsen und zu Meistern zu werden.

Manche wählen den Weg des Leidens als Wegweiser für ihre Mitmenschen, aus dem Beweggrund des spirituellen Dienstes heraus. An eurem Leid und auch am Leid anderer seid ihr alle gewachsen. Dieses Leid war Teil eurer Meisterwerdung, denn sehr viele Seelen finden über den Weg des Leids den Kontakt zum Göttlichen, den Kontakt zu einer höheren Realität.

Denn ist es, wenn ihr reflektiert, nicht für viele von euch so, dass euch gerade euer Leid auf den spirituellen Weg geführt und euch gerade euer Leid oder die Wahrnehmung des Leids anderer auf die spirituelle Suche gebracht hat? Ist es nicht so, dass durch das Leid letztendlich auch eure kostbarsten Stunden, eure tiefsten Einsichten, eure höchsten spirituellen Erlebnisse ermöglicht wurden?

Wenn ihr die Illusion des Leids erkennt und den höheren Sinn dahinter erblickt, den göttlichen Vordruck, durch den das Temporäre dieser Leidenserfahrung aktiviert und realisiert werden konnte, dann könnt ihr Gott und die göttliche Kreation auch im Angesicht dieses Leides lieben, und ihr wisst, dass dieses Leid vorübergehend ist und die Seelen nach Hause zurückkehren werden, bereichert durch die Lernerfahrung und durch die Berührung mit anderen, die dadurch auf die für sie notwendige Art und Weise ermöglicht wurden.

Jede Seele darf sich in ihrem eigenen Labyrinth in ihre höchste Erfüllung entfalten.

Werte das Leid nicht.

Es ist nicht wertloser als die Freude.

Erkenne seine Kostbarkeit.

Erkenne deine individuelle Resonanz mit den verschiedenen Formen des Leids.

Warum berührt dich dieses Leid so sehr?

Warum berührt dich das eine Leid mehr als das andere?

Wie wird dein Tanz mit der Wahrnehmung des Leids zu einem Geschenk deiner Selbsterkenntnis?

☆☆☆

„Soll man sich vom Leid anderer angesprochen fühlen und etwas dagegen tun oder nicht?"

Diese Frage beschäftigt viele Herzen schon seit langer Zeit, zum Teil schon durch viele Inkarnationen hindurch. Ja, wir bitten euch, euch angesprochen zu fühlen, euch absolut angesprochen zu fühlen. Denn ihr seid alle ein Teil des unzertrennlichen Großen Ganzen, und das Leid eures Bruders ist auch euer Leid. Das Leid eurer Schwester ist auch euer Leid. So, wie auch die Freude eures Bruders und die eurer Schwester eure Freude ist.

Wir bitten euch gleichzeitig, euch auf eine Art und Weise vom Leid anderer angesprochen zu fühlen, in der ein gesunder emotionaler Abstand vorhanden ist und ihr nicht in die Co-Abhängigkeit fallt, dass ihr nicht vom Leid anderer zerfressen werdet und ihr eure irdische Individualität auf folgende Weise spürt, während ihr als physische Wesen inkarniert seid:

„Ich weiß,
wo ich beginne und ende
und wo die Grenze zum anderen
beginnt und endet."

Wir möchten euch bitten, euch aus einer gesunden Distanz heraus von dem Teil des Leids berührt und angesprochen zu fühlen, dessen Auflösung euer Auftrag ist. Niemand hat den Auftrag, alles Leid zu beseitigen, aber auch nicht den, nichts zu tun. Denn ihr alle co-kreiert gemeinsam den Aufstieg aller Seelen und der Erde, und erst wenn auch die letzte Seele von allem Leid befreit ist, ist die gesamte Erde aufgestiegen.

Es ist eine gemeinsame Co-Kreation, also fühlt euch angesprochen auf eine Weise, in der ihr zunächst gut für euch sorgt, um dann in tiefer Berührtheit und Erfüllung das Auflösen eines Teils dieses Leids, vielleicht nur eines sehr kleinen, Teil eures Aufstiegs sein zu lassen.

LASST euch von der Welt berühren, von den Augen eines hungrigen Kindes, von den Schreien einer verzweifelten Frau, von dem Hilferuf eines Mannes am Straßenrand.

LASST euch von der Welt berühren, denn sie ist Teil von euch. Den Fokus auf euren spirituellen Weg und auf eure Weiterentwicklung beizubehalten, hat nichts damit zu tun, euch von der Welt abzusondern.

Und gleichzeitig geht es nicht darum, euch in allem, was zu tun ist, zu verlieren. Kennt euren Weg, euren Anteil, eure Bestimmung. Wir bitten euch, euch in einem gesunden Gleichgewicht zu zentrieren.

„Was kann getan werden im Angesicht des Unveränderbaren?“

Lebt aus eurem Herzen, aus eurem Höchsten Selbst heraus, und betrachtet auch die Themen, bei denen euer negatives Ego vielleicht wegschauen möchte. Wenn ihr die Kraft habt, Themen, über die nicht viele in Natürlichkeit zu sprechen in der Lage sind, empathisch, herzoffen und authentisch zu begegnen, Themen wie der Tod eines Kindes, der Schock und der herzzerreißende Schmerz der Mutter und des Vaters, lebensbedrohliche Krankheit, unerträglich erscheinender Schmerz, wenn ihr all dem in gleichbleibender Zentriertheit ins Auge sehen könnt, in einer ruhigen Akzeptanz, jedoch immer in eurer ganzen Berührtheit und Berührbarkeit, in eurer Menschlichkeit, dann fühlt sich euer Gegenüber aufgehoben und genährt, denn er kann vertrauen, in seiner kompletten Authentizität und vielleicht Intensität wahrgenommen zu werden.

Natürlich bitten wir euch nicht darum, „abgebrüht“ zu sein oder zu wirken, sondern in Empathie und Verbundenheit bereit zu sein, alle Aspekte des Lebens anzuschauen und alle Erfahrungen unter dieser Sonne, ohne sie abzuwerten, ohne euch vor ihnen zu fürchten, ohne in eine Schockstarre zu verfallen, als göttlichen Teil der Existenz zu berühren und zu betrachten.

Wir bitten euch, diese Dinge zu sehen wie ein Meister und wieder den göttlichen Vordruck des Menschen zu sehen und zu achten, den höheren Seelenplan, der diese Erfahrung hervorgerufen hat, zu erahnen, und wir bitten euch: Fühlt euch geehrt und seht es als göttliche Gnade, diesen Menschen während seines Wachstums- und Erwachensprozesses berühren zu dürfen. Geht in großer Achtsamkeit und tiefem Respekt mit dieser Seele um, in tiefer empathischer Verbundenheit, in absoluter Ebenbürtigkeit. Dann wisst ihr, was zu tun ist. Kein Mensch begegnet euch, dem ihr nicht gewachsen seid.

Es ist das Gesetz der Resonanz.

Vielleicht entsteht durch eine Begegnung die Notwendigkeit, tiefere Heilungsprozesse in euch selbst geschehen zu lassen, um euch dann eben dieser Begegnung mehr gewachsen zu fühlen, aber niemals kann es zu einer Begegnung kommen, für die ihr noch nicht die notwendige Größe habt.

Nehmt sie an, eure Berührtheit, in ihrer ganzen Tiefe, wann immer das Schicksal eines Wesens, ob Mensch, Tier, Pflanze oder nichtphysisches Wesen, diese Saite in euch zum Klingen bringt.

DARIN liegt euer größtmögliches Wachstum.

Romantische Liebe

Eines der direktesten, euch manchmal verwirrenden torlosen Tore in die erfüllende Herzöffnung, die ihr Menschen auf Erden erfahren könnt, ist das der Verliebtheit.

Was geschieht aus spiritueller Sicht, wenn ihr euch verliebt?

Ihr seht den göttlichen Vordruck des Menschen, in den ihr verliebt seid. Ihr seht sein Höchstes, sein Potenzial, das, was er in seinen herausragenden wachen Momenten verkörpert, ihr seht die Perfektion dessen im Jetzt, in die er sich einmal entwickeln wird.

Euch in einen Menschen zu verlieben, ist eines der größten Geschenke, die ihr ihm darreichen könnt, wenn ihr einen Hauch von Bewusstheit, Klarheit und Meisterschaft in diese Verliebtheit einfließen lasst.

Denn jedes Mal, wenn ihr das Wesen, für das ihr Verliebtheit empfindet, betrachtet, sei es in eurer Vorstellung, mit eurem inneren Auge oder in gegenseitiger Präsenz, jedes Mal, wenn ihr es betrachtet, euch an es erinnert, an es denkt, affirmiert ihr das höchste Sein dieses Wesens und erleichtert es ihm, in diesem höchsten Sein zu wandeln und es zu verkörpern.

Das geschieht auch, wenn das Wesen dieses Gefühl für euch nicht erwidert. Dann könnt ihr eure Verliebtheit als einen spirituellen Dienst an dieser Seele betrachten.

Es gibt Menschen unter euch, die sich außerordentlich häufig verlieben.

Für diejenigen, die, vielleicht neben anderen Einweihungswegen, den der romantischen Liebe als einen der ihren gewählt haben, gibt es eine Phase des menschlichen Entwicklungswegs, in der sich viele häufiger verlieben als in den anderen Phasen ihrer Entwicklung. Dann kann es ihnen in Ausnahmesituationen sogar widerfahren, dass sie für mehr als eine Person Verliebtheit empfinden.

Nach dem Durchlaufen dieser Phase sowie auf anderen Einweihungswegen eröffnen sich unzählige weitere Möglichkeiten der Herzöffnung, denn die Verliebtheitserfahrungen sind für viele Teil des Einstiegs in eine neue Form der Herzöffnung.

Wenn euch dieses widerfährt, bitten wir euch um Gelassenheit, es ist lediglich ein weiteres Tor, das ihr durchschreitet.

Viele dieser Menschen haben wegen ihrer häufigen Verliebtheit ein latent schlechtes Gewissen. Sie fürchten, zu oberflächlich zu sein, schämen sich dafür, in nicht ausschließlich einen Menschen verliebt zu sein oder innerhalb einer Inkarnation nicht nur eine einzige Liebe oder außerordentliche Verliebtheit zu erfahren.

WENN ihr euer Verliebtheitsgefühl als spirituellen Dienst an der Empfängerin, am Empfänger betrachtet, könnt ihr euch von eurem schlechten Gewissen und euren Ansprüchen an euch selbst, anders sein zu müssen, lösen.

IHR verleiht dem Empfänger eurer Verliebtheit auf energetischer Ebene Flügel, ihr reicht ihm energetisch die Hand, 10, 20 oder 100 Sprossen in die Erfüllung des eigenen göttlichen Vordrucks hinaufzusteigen – allein durch euer authentisches Gefühl und ohne etwas dafür tun zu müssen!

EURE Verliebtheit drückt aus: „Ich sehe deine Seele, ich achte deine Seele, ich bin berührt von deiner Seele. Das Göttliche in dir aktiviert und intensiviert meinen Zugang zum Göttlichen in mir."

Wir möchten betonen, dass Verliebtheit eine der vielen Facetten der Liebe darstellt und nichts damit zu tun hat, euer Gegenüber irdisch realistisch sehen zu können oder es irdisch realistisch zu betrachten. Es ist ein gewählter Fokus auf das höchste Potenzial im anderen.

Losgelöst davon, ob die Verliebtheit vom Gegenüber erwidert wird, oder ob er euch und den Kontakt zu euch anders zu erfahren wählt, losgelöst davon, ob aus der Verliebtheit ein Wiedersehen, eine Freundschaft oder gar eine romantische Verbindung oder Liebesbeziehung entsteht, immer ist die Verliebtheit auch eines der größten irdischen Geschenke von und auch vom Empfänger an euch, denn er hat euch einen Funken seiner Seele offenbart, sonst hätte die Verliebtheit nicht geschehen können.

Sie ist ein Geschenk an euch, denn sie wäscht euer Herz, sie öffnet euch die Tür, dieses Gefühl zu transzendieren und die transzendierte Form zu anderen Wesen auszudehnen, vielleicht sogar zur ganzen Welt, zum gesamten Universum, zur kompletten Existenz.

So kann eure Verliebtheit euren irdischen Dienst, euer Sein beflügeln.

Wenn ihr bewusst und als Meister in eurer Verliebtheit wandelt, könnt ihr in dieser Zeit der Welt und euren Mitmenschen unbeschreiblich viel schenken. Eure Kraft ist um ein Vielfaches intensiviert, und euer Herzchakra ist so weit geöffnet, dass eine enorm erhöhte Frequenz aus diesem zu euren Nächsten strömen kann. Dieses erfüllende Liebesgefühl könnt ihr auf Herzensebene allen Menschen schenken, die euch begegnen. Sie alle können von eurer Verliebtheit gesegnet werden.

Verliebtheit ist immer ein göttliches Geschenk, Verliebtheit erfahren zu dürfen ist immer eine göttliche Gnade.

Niemals braucht ihr für euer Verliebtheitsgefühl Scham oder Schuld zu empfinden, denn immer wurde euch dieses Gefühl geschenkt, immer war es eine Co-Kreation des Göttlichen und aller Beteiligten, und die einzige Möglichkeit, einer Verliebtheit vorzubeugen, wäre, mit geschlossenem Herzen durch die Welt zu wandeln.

Wenn euer Herz offen ist, lauft ihr „Gefahr“, euch zu verlieben. Diese Form der Liebe, die neben unendlich vielen weiteren Formen der Liebe existent ist, könnt ihr nicht präventiv ausklammern, es sei denn, ihr verwendet Vermeidungsstrategien.

Und warum, warum
wollt ihr Vermeidungsstrategien verwenden?

Macht euch das zu einem besseren Menschen?

Wir betonen: Auch dann, wenn ihr euch in einer Beziehung befindet, ist es nicht notwendig, Scham oder Schuld zu empfinden, wenn ihr euch in einen anderen Menschen verliebt.

Anstelle des Entwickelns von Schuld- oder Schamgefühlen könnt ihr euer Verliebtheitsgefühl transzendieren, es auf eine höhere, reifere, bewusstere Stufe erheben.

Verliebtheit ist jenseits
eurer bewussten Kontrolle.

Wie ihr jedoch mit dieser Verliebtheit umzugehen wählt, liegt innerhalb eures Entscheidungsbereichs.

WIR sagen nicht, dass alle aus dieser Verliebtheit mögliche Handlungen von uns begrüßt werden!

WIR sagen: Seid frei von Schuld- und Schamgefühlen, auch dann, wenn ihr euch, obwohl ihr in einer Beziehung seid, in eine weitere Person verliebt.

WIR bitten euch: Seid diesbezüglich ehrlich zu euch selbst und zu eurem Partner. Verheimlicht nichts, verdrängt nichts, auch und besonders nicht vor euch selbst.

WIR bitten euch: Steht zu allen euren Gefühlen, umarmt sie, lasst sie zu. Das erhält euch menschlich!

Bei Weitem ist es nicht jeder Verliebtheit bestimmt, zu einer romantischen Beziehung zwischen den beiden Liebenden zu führen. Manchmal ist es der Sinn, die Erfüllung, die Bestimmung dieser Liebe, jedoch nicht immer. Euer Verstand wird vielleicht versuchen, die Bestimmung einer erlebten Verliebtheit auszuklügeln, es wird ihm jedoch nicht gelingen. Euer Herz wird die Antwort kennen, sobald ihr euch in die Stille eures inneren Tempels vertieft.

Widersteht dem Sog, euch im Geliebten zu verlieren und diesem die Antwort entlocken zu wollen. In eurem eigenen Herzen wisst ihr die höchste Bestimmung eurer Verliebtheit.

IST die höchste Bestimmung dieser Verliebtheit eure weitere Herzöffnung?

IST sie, dem Geliebten bedingungslos und ohne Erwartungen zu dienen?

IST sie, etwas über euch selbst zu sehen und zu erkennen?

IST sie die bloße Beflügelung durch die Erfahrung?

DIENT sie der Erkenntnis zu sehen, welche Qualitäten euch in einer bestehenden Beziehung, in der ihr euch gerade befindet, fehlen? Vielleicht habt ihr euch diesbezüglich etwas nicht eingestehen wollen?

NÄHERT ihr euch durch sie euren geheimsten Sehnsüchten?

VERKÖRPERT der Empfänger eurer Verliebtheit Qualitäten, die noch verborgen in euch schlummern und die ihr für euch noch nicht erschlossen habt?

ODER habt ihr eine gemeinsame Mission? Eine gemeinsame Aufgabe, einen gemeinsamen Dienst? Einen gemeinsamen Auftrag? Dass ihr vielleicht dorthin geführt werdet, gemeinsam zu arbeiten, wobei jeder von euch beiden in einer anderen Partnerschaft befindlich sein, ja, in dieser erfüllt sein kann, und im Laufe der Zeit wandelt sich die Energie dieser neuen zusätzlichen Verliebtheit in eine innige, aber kollegiale Freundschaft mit tiefem Respekt füreinander und in feinster Verbundenheit verweilend.

VIELLEICHT seid ihr Lehrer füreinander? Vielleicht könnt ihr Wunden miteinander ausheilen?

VIELLEICHT kennt ihr euch aus vergangenen Leben, wodurch eine unglaubliche Vertrautheit vorherrscht. Vielleicht wollte aus diesen vergangenen Leben noch etwas abgeschlossen werden, und daher seid ihr einander wieder begegnet. Oder ihr habt in vergangenen Leben das Thema „Beziehung" schon komplett miteinander erfahren, und daher ist es auf Seelenebene nicht euer Wunsch, diese Ebene noch einmal gemeinsam zu erleben. Die Vertrautheit wird jedoch intensiv erinnert.

Es kann viele weitere Gründe geben, weshalb diese Verliebtheit in dein Leben getreten ist. Erkenne sie als Geschenk. Entspanne dich und heiße sie willkommen.

Sobald du dich gegen sie wehrst,
könnte es kompliziert werden.

Nimm sie auch dann an, wenn sich dein Gegenüber gegen seine Gefühle für dich wehren sollte. Auch wenn deine Verliebtheit nicht erwidert wird, wird sie dadurch nicht weniger heilig, nicht weniger kostbar.

Bekennst du dich zu einer Verliebtheit, die nicht erwidert wird, befindest du dich in einem besonders gebenden Dienst. Nimm diesen Dienst an, vielleicht sogar mit einem Lächeln auf den Lippen, die neue Herausforderung liebkosend, und, wenn dein Herz es dir eingibt, halte so viel Distanz, wie dir aus der Selbstliebe heraus eingegeben wurde, so lange, bis du in völliger Annahme bist, dass dein Gegenüber für dich keine Verliebtheit empfindet.

Wir sagen keineswegs, dass dies nicht herausfordernd sein könnte. Es kann alte, schon lange verheilt geglaubte Wunden noch einmal zum Bluten bringen, jedoch ist dieses, wenn alle Beteiligten in Achtsamkeit und Liebe wandeln, immer eine heilsame Wundwaschung, durch die ihr tiefer gehen könnt, tiefer als jemals zuvor.

Wenn ihr eure Göttlichkeit noch nicht erkannt und angenommen habt, wenn euch eure eigene Perfektion, euer so liebenswertes Selbst noch nicht bewusst sein sollte, kann die von eurem Gegenüber nicht erwiderte Verliebtheit schmerzliche Gefühle der Ablehnung in euch auslösen, wodurch ein tosender Wasserfall selbstkritischer Monologe in euch ausgelöst werden kann.

„Ich bin
nicht attraktiv genug,
nicht jung genug,
nicht schön genug,
nicht spontan genug,
nicht intelligent genug,
nicht charmant genug,
nicht interessant genug,
nicht spirituell genug,
nicht authentisch genug,
nicht humorvoll genug,
nicht weiblich genug,
nicht männlich genug,
nicht kommunikativ genug,

um nur einige eurer möglichen Missverständnisse zu nennen.

Dieses Missverständnis, vermeintlich abgelehnt worden zu sein, hat euch in der Vergangenheit vielleicht in eine tiefe Krise geführt, in der ihr euch selbst infrage stelltet und euch möglicherweise einen solchen Herzschmerz bereitet, dass ihr diesen physisch wahrgenommen habt. Ein solches Missverständnis kann euch durchaus über einen kürzeren oder längeren Zeitraum hinweg von eurer Lebensfreude abgetrennt oder euch das Gefühl gegeben haben, menschlich nichts wert zu sein.

Vielleicht habt ihr euch entblößt gefühlt, nackt, wie ein Narr, eure Gefühle so offen auf einem Tablett getragen zu haben – und dann – abgelehnt worden zu sein!

Sollte euch dies widerfahren sein, befinden wir uns im innigliche Mitgefühl. Wir sind an eurer Seite, um eure Tränen zu trocknen und unsere unsichtbaren Hände auf eure Wunden zu legen. Wir bitten euch, verübelt es uns nicht, dass wir euch nicht vor dieser Erfahrung haben bewahren können. Im Theater des Lebens war uns diese Intervention nicht gestattet, denn eure Seele wollte diese Erfahrung mit diesem Menschen auf diese Weise erleben. Wir hätten nicht eingreifen, das Drehbuch nicht umschreiben dürfen. Es war euer Wille und diente eurem Wachstum.

Keineswegs sagen wir, dass, wenn ihr spirituell entwickelt seid, ihr augenblicklich in vollkommener Hingabe diese erfahrene „Abfuhr" lächelnd annehmen und im Dienst an dieser Seele aufblühen sollt, verliebt in sie zu sein, damit sie Hilfe empfängt, ihr höchstes Potenzial zu verwirklichen.

Das wäre in den meisten Fällen nicht realistisch.

Ihr seid keine Roboter, sondern sensible, fühlende, hochsensitive Wesen mit weit offenem Herzen, und in eurer Verliebtheit seid ihr verletzlich: Eure Aura durchläuft im Prozess der Verliebtheitserfahrung intensive Veränderungen, ihr seid weit offen. Dadurch kann sich das Missverständnis, abgelehnt zu werden, so anfühlen, als bohre jemand einen Dolch in die Mitte eures Herzens.

Wenn ihr euch abgelehnt fühlt, trauert! Weint eure Tränen und gebt euch dem Schmerz hin, dass alle eure geträumten Visionen einer gemeinsamen Zukunft mit diesem so sehr geliebten Menschen dahinschmelzen. Erfahrt die gesamte Palette eurer Emotionen. Diese steht euch zu, und eure emotionalen Erfahrungen sind ein sehr wichtiger Bestandteil der menschlichen Existenz.

Eure Emotionen sind kostbar
und schleifen den Diamanten, der ihr seid.

In dem Moment, in dem ihr auch die intensivsten Emotionen nicht mehr wertet, hören sie auf, schmerzhaft zu sein und werden zu einer mystischen Erfahrung, zu einem Weg, der euch auf die nächst tiefer gehende Ebene eures Seins führt.

Wir bitten euch zu erkennen: Wenn sich euer Gegenüber nicht ebenfalls in euch verliebt hat, ist die Ursache dessen NIEMALS eure Unzulänglichkeit, das ist eine Illusion und entspringt der Welt eurer vergangenen Wunden.

Der Grund der ausbleibenden Verliebtheit eures Gegenübers liegt darin, dass einer von euch beiden erkennen „musste", dass eure Begegnung eine andere Bestimmung hat als die, zu einem Liebespaar zu werden.

Im Tanz des Lebens bist einmal du derjenige, der die Bestimmung einer Begegnung erkennt, einmal ist es dein Gegenüber, ein anderes Mal seid ihr es beide. Nie ist das Ausbleiben von Verliebtheit eine Kritik an deiner Person! Dein Gegenüber empfindet auf einer tiefen Ebene Wertschätzung für dich, lediglich in einer anderen Form.

Widerstehe der Versuchung, über die Verliebtheit des anderen einen Ersatz für fehlenden Selbstwert zu finden. Gibst du dieser Versuchung nach, kann Verliebtheit zur Sucht werden. Du würdest dich als abhängig von dieser Liebesenergie empfinden, die du dir selbst nicht zuteil werden lassen kannst. Du würdest diesen Gefühlsaustausch jagen, dich dadurch mehr und mehr von dir entfernen und künstliche Verliebtheit in dir und anderen hervorrufen.

Sobald ihr Verliebtheit aus dem Ego heraus kreiert, verliert sie ihren Initiationscharakter.

Sie ist **dann** ein spirituelles Tor, wenn sie euch in Hingabe WIDERAHREN ist. Wenn ihr euch ihr hingegeben habt und sie von eurem Höheren Selbst manifestiert wurde, nicht von eurem Ego, dem Ort eurer Trennungsillusion oder dem, der äußere Bestätigung sucht.

Oft bleibt die Verliebtheit des Gegenübers auch dann aus, wenn es für ihn oder sie wichtig ist, den Fokus in eine komplett andere Richtung beizubehalten oder sein Herz noch zu verletzt ist, sich so weit zu öffnen und hinzugeben.

Wenn eure Verliebtheit nicht erwidert wird, will das Leben euch lediglich einen anderen Weg weisen, der euch in das Herz eurer Sehnsuchtserfüllung führt. Dennoch war die von euch empfundene Verliebtheit wichtig für euren Weg und eure Entwicklung.

Segnet diesen Menschen mit liebendem Herzen und erkennt weiterhin seine Schönheit und Göttlichkeit. Er erkannte, bewusst oder unbewusst, dass euer beider Bestimmung eine andere ist und erwies dir dadurch einen Dienst. Gleichzeitig brauchst du nicht vernünftig zu sein, achte deine Emotionen! Über den Weg des Empfindens deiner Emotionen erreichst du den Ort hingebender Annahme.

Im Bereich der Verliebtheit habt ihr **dann** die Meisterschaft erreicht, wenn ihr nicht mehr erwartet, dass der andere ähnlich empfinden muss.

Wenn ihr völlig unangehaftet
verliebt sein könnt,
seid ihr frei!

WENN ihr das Gefühl als Geschenk sehen könnt, das euch offenbart wurde, und ihr NICHTS erwartet. Vielleicht nicht einmal ein Wiedersehen. Wenn ihr keinen „Vertrag" mehr aus der Verliebtheit gestalten wollt, wenn Körperkontakt für euch nicht aus einer Verliebtheit folgen muss, seid ihr frei.

WENN ihr nicht erwartet, dass der Empfänger eurer Verliebtheit eure unerfüllten Bedürfnisse erfüllen muss, seid ihr frei.

WENN ihr lieben könnt, um zu geben, seid ihr frei.

Wenn der Empfänger eurer Verliebtheit wünscht, ihr möget

Abstand halten, so erfüllt ihm diesen Wunsch – aus Liebe – aus Erfülltheit.

Wir bitten euch:
Bleibt völlig erwartungslos,
wenn ihr euch verliebt habt.

Wenn es in diesem Bereich zu Problemen kommt, beginnen diese mit der ersten Erwartungshaltung. Wenn ihr beginnt, zu erwarten, meditiert. Lächelt die Erwartung von der Bühne. Erkennt ihre Illusion.

Das ist ein großes Geschenk an den Empfänger eurer Verliebtheit, und gleichzeitig ein Zeugnis großer Reife. Vielleicht müsst ihr euch mehrmals verlieben, bis ihr diese Stufe meistert. Genießt sie! Es ist ein Geschenk auf dem Weg der menschlichen Erfahrung.

Vielleicht geschieht es euch, dass sich euer Partner oder eure Partnerin in einen anderen Menschen verliebt. Auch das kann großen Schmerz, große Verlustangst in euch auslösen, ein Gefühl, kritisiert und „nicht gut genug" zu sein, verglichen zu werden. Eifersucht, Verzweiflung oder Hoffnungslosigkeit können euch übermannen und in einen tiefen Abgrund stürzen.

Alle diese Gefühle haben ihre Daseinsberechtigung. Gebt ihnen ihren Raum und drückt sie auch eurem Partner oder eurer Partnerin gegenüber aus. Das kann Teil eurer Ermächtigung sein, euch Flügel verleihen und euch darin unterstützen, wahrhaftig zu euch zu stehen, zu allen Aspekten eures Selbst, auch zu denen, die euer Partner als anstrengend, klammernd oder kontrollierend empfinden könnte.

Gleichzeitig wisst: NIEMALS ist es eine Kritik an eurer Seele, wenn sich eure Partnerin oder euer Partner in einen weiteren Menschen verliebt. Niemals schmälert sich dadurch die Liebe zu euch. Es ist eine Verbundenheit zwischen diesen beiden Seelen. An euch ist nichts falsch. Ihr wurdet nicht kritisiert. Ihr hättet es nicht verhindern können.

Gelegentlich können Aspekte eures Verhaltens euren Partner von euch entfernt haben.

MEDITIERT über diese Eventualität und bittet euer Höheres Selbst, euch diese Aspekte eures Verhaltens zu zeigen.

MEDITIERT darüber, ob sie Ausdruck eures Höchsten sind, oder ob ihr bereit seid, diese zu transformieren.

WISST um euren Wert und wahrt gleichzeitig euren wahren Gefühle die Treue.

DRÜCKT in unverkennbarer Klarheit aus, wie viel euch an eurem Partner, an eurer Partnerin, an der Beziehung liegt.

DRÜCKT es einmal aus, verankert in eurer Essenz.

Danach seid bereit, loszulassen.

WIDERSTEHT der Versuchung, die Situation zu kontrollieren. Wenn ihr füreinander bestimmt seid, wird euer Partner das erkennen.

Je weniger ihr versucht, diese Erkenntnis zu beeinflussen, desto mehr unterstützt ihr den Prozess der Erkenntnis.

Nährt euch in der höchsten Liebesschwingung.

Mehr braucht ihr nicht zu tun.
Und die Bestimmung der Beziehung
wird sich erfüllen.

Wenn ihr diese Partnerin seid, die sich, in Beziehung befindlich, in eine zweite Person verliebt hat, so sagen wir: Dies kann gelegentlich vorkommen.

Fragt euer Herz, ob es sich um eine Flucht vor eurem nächsten Entwicklungsschritt handeln könnte, ob ihr der tiefer werdenden Nähe und Intimität eurer Beziehung ausweichen möchtet, oder ob es eine Furcht gibt, euch eurem Partner in eurer Ganzheit zu zeigen.

Wenn ihr dieses erkennt, gratulieren wir euch zu eurer Ehrlichkeit und bitten euch, den Verliebtheitsgefühlen gegenüber der hinzugekommenen Person die innere Erlaubnis zu geben, sich in freundschaftliche Gefühle wandeln zu dürfen.

Wenn ihr sicher seid, dass der Ursprung eurer neuerlichen Verliebtheit jenseits obiger Beweggründe liegt, laden wir euch ein, eine weitere Dichotomie des Lebens zu kosten:

Bleibt euch selbst treu,
und bleibt eurem Partner treu.

Dies ist kein Paradox, denn ihr seid eins.

Es ist auch dann kein Paradox, wenn ihr euch so sehr zu der anderen Person hingezogen fühlt, dass ihr vielleicht glaubt, ihr würdet euch nicht treu bleiben, wenn ihr nicht auf diese Anziehung reagieren, nicht auf physischer Ebene handeln würdet.

Eure Liebe wird nicht geschmälert, wenn ihr ihr keinen physischen Ausdruck verleiht, manchmal wird sie gerade dadurch in die Höhe gehoben. Auch eure Gedanken haben Substanz, sind Schwingung, haben Vibration.

Aufgrund der Multidimensionalität eurer Existenz ist auf einer subtilen Ebene alles geschehen, was ihr gedacht habt. Eure Gedanken hinterlassen energetische Spuren, und auf subtiler Ebene werden diese energetischen Spuren wahrgenommen.

Solltet ihr Verliebtheit für mehr als eine Person empfinden, kann es ein unbeschreibliches Geschenk an euch und an die Empfänger eurer Liebesenergie sein, wenn es euch gelingt, für mindestens eine der Personen eine reine Herzensliebe zu empfinden, die sich nicht auf die sexuelle Ebene erstreckt – auch nicht gedanklich.

Es ist eine starke menschliche Konditionierung, Verliebtheit und Sexualität vereinen zu wollen, jedoch könnt ihr für euch und den Empfänger eurer Liebesenergie eine unbeschreibliche gemeinsame Schöpferkraft empfangen, wenn ihr diesem Sog widersteht und euch der Bestimmung eurer Verbindung hingebt.

Die Sexualität ist eines der kostbaren Juwele der irdischen Erfahrung. Keineswegs sagen wir: Betrachtet dieses Juwel lediglich aus der Ferne.

Wir bitten euch um Achtsamkeit bezüglich eurer Entscheidungen, mit wem und wann ihr dieses Juwel erfahren möchtet. Denn das gleiche Juwel, das euch die Höhen der Freiheit, der Unendlichkeits- und Grenzenlosigkeitserfahrung und tiefst verbundener Liebe bescheren kann, könnte, anders angewandt, auch tiefe Wunden schneiden.

Wir danken euch für eure Achtsamkeit.

Jede Liebesverbindung hat mehrere Bestimmungen, niemals ist sie ausschließlich Sexualität. Durch die innigliche Verbundenheit, die ihr gemeinsam durch die Sexualität erfahren könnt, können eure weiteren Bestimmungen beflügelt und energetisch aufgeladen werden.

Auch wohnt der sexuellen Energie eine unbeschreiblich große Manifestationskraft inne, denn durch die gleiche Kraft, durch die ihr gemeinsam neues Leben empfangen könnt, könnt ihr gemeinsam alles manifestieren, was der Co-Kreation eures vereinten Höheren Selbst entspringen möchte.

Jede sexuelle Verbindung, die ihr eingeht, kreiert energetische Bänder, die euch auch dann weiter verbinden, wenn ihr räumlich getrennt seid. Die sexuelle Energie ist eine sehr verbindende Kraft jenseits von Raum und Zeit.

Entlang dieser durch diese kraftvolle Energie geknüpften Bänder fließen Informationen.

Nachdem durch das gemeinsame Teilen des sexuellen Energieflusses dieses subtile Band geknüpft worden ist, hat sich eure

Wahrnehmung voneinander potenziert. Auch wenn ihr euch an entgegengesetzten Orten auf Erden befindet, könnt ihr deutlich wahrnehmen, wie es dem jeweils anderen geht. Emotionen können entlang dieser Bänder wahrgenommen werden, Energien reisen. Mit bloßer Willenskraft, mit etwas Fokus, könnt ihr einander auch über große Distanzen hinweg Energie schicken.

Je mehr sexuelle Partner ihr im Laufe eines Lebens habt, desto mehr dieser energetischen Bänder entstehen.

Solltet ihr zu einem Zeitpunkt zwei Partnerschaften führen, werden auch eure beiden Partner über eure Energiebänder miteinander verbunden, auch dann, wenn sie einander nicht kennen oder es nicht wollen.

DIES kann für beide Partner sehr intensiv spürbar sein. Es ist wichtig, das zu wissen, denn es ist ein starker energetischer Eingriff in die Energiefelder dieser beiden Personen.

FÜR jede und jeden von euch, der oder die nicht den Weg des bewusst gewählten Alleingangs beschreitet, kommt der Tag der Entscheidung, sich tiefer auf eine andere Seele einzulassen.

IN dieser Phase könnte eine weitere Verliebtheit lediglich äußere Ablenkung sein.

EUER Herz wird euch den Weg weisen, ob diese zusätzliche Verliebtheit ein Zeichen ist, noch nicht angekommen zu sein, oder ob es sich um den Ausdruck eurer Furcht handelt, euch tiefer einzulassen.

OFT weist euch das leisere, stillere Flüstern den Weg.

Wir bitten euch in diesem Lebensbereich um eure Bereitschaft zur Klarheit.

Über unterschiedliche Pfade könnt ihr Menschen die Fähigkeit in euch erschließen, den vollkommenen Glanz des Göttlichen in einer einzelnen Person, in einem Partner, in einer Partnerin wahrzunehmen und zu zelebrieren und über die heilige Partnerschaft vollkommene Verschmelzung mit dem Göttlichen zu erfahren.

AUF dem Weg dorthin könnte manch einer von der Furcht übermannt werden, sich im anderen zu verlieren.

SO ihr einander als Tor füreinander erfahrt, könnt ihr sowohl euch selbst, als auch das Göttliche miteinander finden.

EIN Tor zum Göttlichen zu sein ist eines der größten Geschenke, die ihr einander reichen könnt.

MANCHE wählen Umwege, andere einen direkten Weg.

MANCHE pausieren am Wegesrand, andere wandern eiligen Schrittes in diese Erfahrung.

Alle Wege sind göttlich.

Auch ein Umweg,
ob hügelig, steinig, beschwerlich,
führt zu Gott.

In manchen Phasen eurer Herzöffnung seid ihr vielleicht ein wenig verwirrt.

Euer Herz öffnet sich so sehr, dass ihr mehr und mehr Liebe empfindet – für alle Menschen. Zu Anfang verwechselt ihr vielleicht Verliebtheit mit dieser Herzöffnung gegenüber der gesamten Existenz. Das wird sich jedoch legen, und ihr werdet wieder in Klarheit unterscheiden können.

Vielleicht begegnet ihr jemandem, der seine entstehende oder fortschreitende Herzensöffnung gegenüber der Existenz mit Verliebtheit oder Anziehung verwechselt. Manche Menschen unterliegen in dieser Herzöffnungsphase der Illusion, sich ständig zu verlieben. Diese Phase wandelt sich, und Klarheit kehrt ein.

Eine neue kristalline Klarheit.

Meditiert in diesen Zeiten über die Natur einer neu empfundenen Liebe.

Seid achtsam, langsam, bedächtig. Ihr werdet den Unterschied erkennen.

Und dann – eines Tages,
wenn ihr es vielleicht nicht erwartet,
begegnet ihr jemandem und verliebt euch.
Und dieser Jemand erwidert eure Verliebtheit.
Ihr hättet es nicht erwartet
und nehmt das Geschenk dankbar entgegen.

Gerade weil ihr es nicht mehr BRAUCHT, ist es besonders

kostbar, gerade weil ihr es nicht mehr BRAUCHT, ist Raum für etwas Heiliges geschaffen.

So gerne empfehlen wir euch: Lasst eure Beziehung reifen wie einen guten Wein, der mit dem Voranschreiten der Zeit an Qualität gewinnt.

WIE wäre es, nach dem Kennenlernen, nach der Erstverliebtheit, so lange mit dem Beginn des physischen Kontakts zu warten, bis er wie von selbst entsteht, bis er nicht mehr „zu verhindern" ist?

WIE wäre es, diesen ersten gemeinsamen physischen Kontakt nicht heraufzubeschwören, sondern ihn aus sich selbst heraus entstehen zu lassen?

WIE wäre es, dem Flüstern einer möglichen Verlustangst zu widerstehen. „Wenn ich mich nicht beeile, könnte es zu spät sein."

WIE wäre es, euch der Bestimmung eurer Beziehung hinzugeben, ohne den Versuch, sie zu kontrollieren?

☆☆☆

Das zweite große Geschenk der Verliebtheit geschieht euch, wenn ihr einen vollen gemeinsamen Kreis gegangen seid und die zweite Runde des Kreises beginnt. Wenn ihr begonnen habt, einander so sehr zu vertrauen, dass ihr gegenseitig auch eure Schatten aus dem Keller holt.

Viele Beziehungen enden, sobald das beginnt.

Ihr seid frei, zu entscheiden.

Nie würden wir uns anmaßen, euch die Entscheidung zu nehmen. Jedoch entgeht euch das größte Juwel dieser Verliebtheit, wenn sich eure Pfade trennen, bevor ihr einander eure Schatten offenbart habt.

Nachdem ihr den Wesen der Unterwelt
eures Partners ins Antlitz gelächelt habt,
beginnt sie, die Liebe.

Neben der Verliebtheit ist es das zweite große Geschenk, das ihr einem Menschen offenbaren könnt, gemeinsam durch das Tal des Schattens zu schreiten.

Im Tal des Schattens erkennt ihr die Illusion der Schattenwelt. Indem ihr sie erkennt, findet ihr Freiheit. Worte könnten das, was ihr im Tal der Schatten finden und für immer transzendieren könnt, niemals ersetzen, und kaum könnten sie es beschreiben.

Die dort gefundene Vertrautheit bleibt euch bis in die Unendlichkeit erhalten, und nach dem Erhalt dieses zweiten großen Geschenks beginnt die Unendlichkeit unzählbarer Geschenke.

Einzig euer Herz wird euch zuflüstern, von welchem Menschen ihr diese empfangen möchtet.

☆☆☆

Vielleicht befindest du dich derzeit nicht in einer Partnerschaft, nicht in einer Verliebtheit.

Vielleicht wählst du eine kürzere oder längere Phase des Alleingangs, bist darin erfüllt und weißt, dass dies für dich derzeit das Richtige ist.

Diese Phasen können für eure Entwicklung sehr wichtig sein. Wenn du dieses frei gewählt hast und genau das erfahren möchtest, bestätigen wir dich darin.

Du bist frei zu entscheiden,
was du erfahren möchtest.

VIELLEICHT empfindest du beim Lesen dieser Zeilen aber auch eine Sehnsucht nach Partnerschaft, Liebe, Zärtlichkeit, Geborgenheit.

VIELLEICHT fragst du dich, warum du, obwohl du es dir so sehr wünschst, keine Partnerschaft, keine romantische Liebe, keine Verliebtheit erfährst.

VIELLEICHT bist du ohne Partnerschaft, empfindest dies jedoch nicht als einen Seinszustand, den du frei gewählt hast.

Dass er oder sie zum jetzigen Zeitpunkt noch nicht in dein Leben getreten ist, bedeutet keineswegs, dass er oder sie nicht existent ist, ihr eure Begegnung versäumt habt oder der göttliche Plan, der Plan eurer Seelen, sich nun doch geändert hat.

So, wie in der Natur dafür gesorgt wird, dass das Nest bereitet ist, bevor ein Ei gelegt wird, aus dem zum göttlichen Zeitpunkt ein Küken schlüpft, gibt es auch für eure Beziehung den göttlichen Zeitpunkt.

Würde dieser Zeitpunkt in Ungeduld und gegen den Willen eures Höheren Selbst vorschnell vorangetrieben werden, würde mit dieser so ersehnten Beziehung genau das geschehen, was mit dem Küken geschieht, wenn das Ei von außen geöffnet wird, bevor das Schnäbelchen diese schützende Hülle von innen öffnet.

Für das Küken gibt es den göttlichen Moment, in dem es bereit ist, auch ohne die schützende Hülle des Eis zu gedeihen, in dem es diesen Schutz nicht mehr braucht.

Was würde jedoch geschehen, wenn das Küken diese Eierschale vor dieser Zeit entfernen würde?

Wie das Küken sind auch viele von euch, die ihr um Partnerschaft gebeten habt, von einer schützenden Hülle umgeben, die so lange, bis sie euch nicht mehr dienlich sein wird, euren bewussten oder unbewussten Wunsch nach Schutz erfüllt.

Würde diese Hülle entfernt werden, bevor ihr göttlicher Zeitpunkt, sich aufzulösen, gekommen ist, wäre der geeignete Zeitpunkt nicht respektiert.

Daher bitten wir euch, diese schützende Hülle, so sie vorhanden ist, aus eurem Innersten heraus zu verkleinern, die Heilung eurer alten Wunden geschehen zu lassen, aufgrund derer ihr euch vielleicht noch hinter einer kleinen oder auch größeren Schutzschicht befindet, die es eurem zukünftigen Partner, eurer zukünftigen Partnerin, erschweren könnte, euch zu finden, zu erkennen.

Wir sind bei euch, um euch beim Auflösen eurer Schutzschicht zu begleiten und zu unterstützen, auch um die Begegnung zwischen euch und eurem zukünftigen Partner, eurer zukünftigen Partnerin, gemeinsam mit euch herbeizuführen.

Manche von euch sind vielleicht in den Schutzmantel übergroßer Schüchternheit gekleidet, und ihr verstummt, errötet, schaut zu Boden, sobald euer möglicher Partner, eure mögliche Partnerin, in euer Antlitz lächelt.

Oder ihr vermeidet mögliche Begegnungen sogar, indem ihr euch bewusst oder auch unbewusst mehr und mehr in der isolierenden Sicherheit eurer vier Wände aufhaltet. Dort seid ihr sicher,– sicher, aber einsam.

Wir möchten euch an die Hand nehmen und euch bitten, wieder in die schillernden Möglichkeiten dieser physischen Welt einzutauchen.

VIELLEICHT habt ihr andere Schutzhüllen: Vielleicht wirkt ihr unnahbar, vielleicht gar arrogant, desinteressiert, kühl, unerreichbar.

VIELLEICHT ziert ihr euch, verwendet kreative Vermeidungsstrategien, vielleicht seid ihr sehr kritisch, greift euren möglichen Partner an, kritisiert ihn, hinterfragt ihn auf eine Weise, durch die er sich bis ins Innerste getroffen fühlt.

VIELLEICHT schützt ihr euch durch Härte, durch Negativität, um dadurch eure Weichheit hinter einer undurchschaubaren Maske zu verbergen.

VIELLEICHT schützt ihr euch durch eine Schicht immerwährenden Humors, unaufhörlichen Witzes hinter einem Mantel nie enden wollender Souveränität, so lange, bis weder euer Gegenüber noch ihr selbst die vielen Facetten eurer wahrhaftigen Identität wahrnehmen könnt.

VIELLEICHT schützt ihr euch dadurch, dass euch niemand gut genug, attraktiv genug, intelligent genug, entwickelt genug ist.

ODER ihr schützt euch dadurch, dass ihr euch bis zu einem gewissen Punkt einlassen könnt, jedoch keinen Schritt weiter! Sodass ihr dadurch viele „Beziehungen" manifestiert, niemals aber wirkliche Nähe und wahrhaftige Intimität.

ODER ihr schützt euch dadurch, dass ihr euch vorher genau absichern wollt, indem ihr beinahe einen Vertrag mit dem möglichen Partner abschließt, durch den ihr eure Beziehungschancen ganz genau miteinander besprechen wollt, noch bevor ihr Zeit hattet festzustellen, ob ihr wahrhaftig miteinander sein möchtet.

Wir bitten euch darum, eure ureigenste persönliche Form der Eierschale zu erkennen, damit euer inneres Küken schlüpfen kann.

Manche von euch schützen sich vielleicht mit mehreren Schichten.

Sobald du erkannt hast, welche Form des Schutzes du gewählt hast, ist ein wichtiger Schritt zur Erfüllung deines partnerschaftlichen Wunsches geschehen. Wisse, dass dieser Schutz dir dient, dich sicher zu fühlen, und entscheide, wann der Zeitpunkt gekommen ist, an dem du eben diesen Schutz nicht länger wählen möchtest.

DIES ist ein mutiger Schritt. Ein Schritt in die Freiheit.
DU bist ihm gewachsen.
DU hast alles zu gewinnen und nichts zu verlieren.
DU bist frei, diesen Schritt als einen einzigen großen Schritt, als Sprung, oder innerhalb vieler kleiner Schritte zu tun.

Wichtig ist: Du tust ihn.

☆☆☆

Es gibt einen göttlichen Zeitpunkt. Dieser ergibt sich aus eurer Bereitschaft auf allen euren bewussten und unbewussten Seinsebenen.

In der Sekunde, in der eure Angst kleiner ist als

eure Bereitschaft,
eure Hingabe,
euer Vertrauen,

kann sich der Phönix aus der Asche erheben, und eine neue Seinserfahrung aus der Verschmelzung zweier Seinserfahrungen wird geschaffen.

In dem Moment, in dem ihr bereit seid, euch von eurer Schutzhülle zu verabschieden, ist ein großer und wichtiger Schritt in eure ersehnte Partnerschaft geschehen.

Das ist euer Beitrag. So, wie das Küken zum göttlichen Zeitpunkt die Schale mit seinem Schnabel durchbricht, um das Licht der Freiheit zu erblicken, seid ihr gebeten, euch in das Jenseits eures bisherigen Schutzes auszudehnen.

GERNE unterstützen und begleiten wir euch.

Erlösung des Schattens
– Luzifer –

Ich bin *SANANDA*, und ich möchte zu euch über die Erlösung eurer Schattenaspekte sprechen, denn zwischen euch und dem Göttlichen, zwischen euch und der Gotteserkenntnis, zwischen euch und der Gottesverschmelzung, zwischen euch und der Egolosigkeit steht der Schatten. Zwischen euch und dem Erwachen steht der Schatten.

Somit ist es notwendig, um Gott zu erkennen,
zunächst auch den eigenen Schatten zu erkennen.

Das möchte ich am Beispiel eines Wesens verdeutlichen, dessen diesbezügliche Geschichte mich selbst zutiefst berührt hat.

Es ging schon seit Langem darum, die Transformation des Schattens zu durchlichten und zu beschleunigen, um den Aufstieg auf Erden zu intensivieren und die lichtvollste Präsenz jedes Einzelnen weiter zu aktivieren.

Etwas geschah, das bis zum heutigen Tag nicht an Relevanz verloren hat. Es geschah einem Wesen. Innerhalb dieser Erfahrung erlöste dieses Wesen etwas für sich selbst und für alle Wesen auf Erden, und gleichzeitig kann das Geschehene in kleinem Rahmen jedem Wesen im Verlauf seiner Inkarnationen widerfahren.

Dieses Geschehnis hat mit der Achtsamkeit bezüglich des eigenen Schattens zu tun, der, zumindest für einen gewissen Zeitraum, leicht verdrängt werden kann.

Daher möchte ich über die außerordentliche Wichtigkeit sprechen, den menschlichen Schatten nicht zu verdrängen, nicht unter den Teppich zu kehren, nicht zu verpönen, nicht zu verneinen, sondern diesen Schatten zu erkennen, sich des eigenen Schattens bewusst zu werden. Es gibt Vorreiter in der Geistigen Welt, über die ich nun sprechen möchte. Ihr alle kennt sie.

Die Erzengel, die euch und uns begleiten, unterstützen und überleuchten.

Erzengel unterscheiden sich dadurch von uns, den Aufgestiegenen Meistern, dass sie nie eine physische, menschliche Inkarnation durchlebt haben, abgesehen von *Mutter Maria*, die sowohl unter den Erzengeln, als auch unter uns Aufgestiegenen Meistern wandelt. Abgesehen von ihr waren die anderen Erzengel nie Menschen wie ihr, sie haben einen anderen Werdegang.

Sie durchlaufen einen anderen Seelen-Wachstums-Kreislauf, so, wie auch die Tiere und die Pflanzen andere Kreisläufe durchleben. Es gibt bestimmte Aufstiegspfade. So könnt ihr vom Menschen zum Aufgestiegenen Meister werden. Die Erzengel beschreiten einen anderen Weg.

Es gibt viele Erzengel. Ihr alle kennt *Erzengel Gabriel*, der *Mutter Maria* erschien und mit ihr ein besonderes Ereignis besprach, das ihr bevorstand. Es gibt viele weitere Erzengel, die alle eine lichtvolle Präsenz ausstrahlen und die ihr alle um Hilfe und Heilung bitten könnt.

So gibt es auch ihn, *Erzengel Raphael*, den Engel des grünen Heilungslichts, den ihr immer dann herbeibitten könnt, wenn ihr besonders starke Heilungsenergien erfahren möchtet. Auch jetzt, wenn ihr vielleicht gerade unter Verspannungen oder Rückenschmerzen leidet oder euch Schmerzen verschiedenster Natur, ob physisch oder emotional, belasten, könnt ihr *Erzengel Raphael* bitten, euch zu überleuchten und euch energetisch zu behandeln. Er wird dies gerne tun und den Herd, die Ursache, den Ursprung eurer Schmerzen behandeln, um diese zu lindern.

Und so gibt es natürlich auch ihn, den viele von euch fürchten oder in der Vergangenheit fürchteten, den damals gefallenen *Erzengel Luzifer*, der nun, wie vielleicht viele von euch bereits gehört haben und was manche vielleicht wundert oder verwirrt, auch den spirituellen Aufstieg in die Fünfte Dimension erreicht hat. Ein Missverständnis vieler Jahrhunderte hat sich geklärt.

Erzengel Luzifer war also ein Erzengel, der genauso lichtvoll war wie

Michael und *Faith,*
Jophiel und *Christine,*
Chamuel und *Charity,*
Gabriel und *Hope,*
Raphael und *Mutter Maria,*
Uriel und *Aurora,*
Zadkiel und *Amethyst.*

Ein Erzengel, der genauso von dem Engel der Engel, *Metatron*, überleuchtet wurde wie die anderen:

Erzengel Luzifer.

Erzengel Luzifer fiel. Er war überwältigt von der Energie, die als Macht missverstanden werden könnte. Stellt sie euch vor, visualisiert sie vielleicht, die spirituelle Leiter, die sich jedem Wesen offenbart, auch euch. Auch für euch gibt es eine spirituelle Leiter, die ihr hinauf oder hinabklettern könnt, je nachdem, welche Entscheidungen ihr trefft oder wie sich eure Schwingung wandelt. Auf dieser spirituellen Leiter befand sich auch *Erzengel Luzifer.*

Er konnte die Wahl treffen, genau wie alle anderen spirituellen Wesen, wie alle anderen Erzengel, diese Leiter weiter hinaufzusteigen, um im Verlauf der Unendlichkeit inmitten des göttlichen Herzens zu ruhen.

Und er stieg auf und erklomm diese Leiter.

Er stieg auf allen Ebenen auf: in der Erhöhung seines Bewusstseins und seiner energetischen Frequenz, in der Frequenz all seiner Lichtkörper.

Er sah das Licht, er hörte es förmlich.
Er schmeckte es beinahe.

Er spürte es.

Er ging auf in diesem Licht, er erblühte, er war identifiziert in diesem Licht, er strahlte es aus, es durchfloss ihn, mehr und mehr verkörperte er es, von Tag zu Tag. Er liebte das Licht, es nährte ihn, erfüllte ihn, wusch ihn, motivierte ihn, es gab ihm Sinn und Existenzinhalt. Lange zweifelte er die Einzigartigkeit des Lichts nicht an, denn es war die Erfüllung seiner Existenz.

Ob ihr es glauben könnt oder nicht, für eine lange Zeit hat er der Existenz, ja, auch nur der möglichen Existenz der Dunkelheit, eines Schattens dieses Lichts vollkommen abgeschworen.

Der Schatten existierte nicht für ihn.
Er verleugnete diesen Schatten.

Nicht nur in sich selbst, sondern im gesamten Universum, in der gesamten Existenz, in allen Wesen. Alles, was es für ihn gab, war das Licht, das Gute, der eine Aspekt innerhalb der Illusion der Polarität. Dieses Licht war sein einziger Fokus. Für eine lange Zeit. Für eine sehr lange Zeit.

Auf einmal überkam ihn eine Sehnsucht.

Leise. Zaghaft. Kaum spürbar. Zunächst nur sekundenweise. Dann länger. Dann wieder schien sie verschwunden zu sein. Doch sie kam wieder, diese Sehnsucht, schleichend. Nicht plötzlich. Nicht überraschend. Zunächst ein seltener Gast, dann ein gelegentlicher Weggefährte.

Zunächst überkam ihn ein leichter Schauer, wenn sich ihre Präsenz wieder offenbarte, zu Beginn war sie ihm unheimlich, doch mit der Zeit gewöhnte er sich an sie. Sie wurde zu seiner Weggefährtin, die er in seinem Bewusstsein des einzigen Fokus auf das Höchste als scheinbar lichtvolle Gefährtin umarmte. Sie wuchs in ihm, dehnte sich aus und wurde zu einem nicht mehr trennbaren Teil seines Selbst.

Er konnte sie nicht mehr von den anderen Aspekten seines Bewusstseins unterscheiden. Eine stille, heimliche, ungesegnete

Ehe war geschlossen. Beinahe wie ein Pakt. Ein Pakt zwischen ihm, Erzengel Luzifer des Lichts, und dieser Sehnsucht.

Um welche Sehnsucht handelte es sich?

WAR es eine Sehnsucht des Lichts oder der Dunkelheit?

GAB es sie überhaupt? Diese Trennung zwischen Licht und Dunkelheit?

ÜBERKAM ihn da eine Verwirrung?

WAS, ja, was nur war anders als sonst? Was war anders seit dieser inneren Ehe? Seit dieser heimlichen Ehe, die er vor dem Göttlichen verstecken, diesem nicht offenbaren wollte?

GAB es sie überhaupt, diese Sehnsucht? Ja, wohnte sie nicht einem jeden fühlenden Wesen inne?

WO nur war auf einmal seine Klarheit?

WAS war anders als sonst?

Wonach, ja, wonach nur sehnte er sich?

Niemals hätte er es verbalisiert, niemals hätte er es damals in diese Worte, in dieses Wortgewand gekleidet. Aber nun schämt er sich nicht mehr, wenn ich es euch hier offenbare, denn nun ist er wieder im Licht, und im Licht gibt es keine Scham, sondern ausschließlich die Akzeptanz des eigenen Wesens, aller getroffenen Entscheidungen, einen tiefen innigen Frieden gegenüber dem eigenen Lebensweg und den innigsten Wunsch, dass andere Wesen anhand der eigenen Erfahrungen lernen mögen.

So war sie in ihn hineingekrochen, obwohl er schon eine außerordentlich hohe Stufe auf dieser Leiter erreicht hatte. Ja, vielleicht nicht obwohl, sondern gerade deswegen!

Denn je höher der Entwicklungsstand eines jeden Bewusstseins, desto schwerer kann es sein, dem möglichen Fall auf dem spirituellen Entwicklungsweg weiterhin zu widerstehen.

Eine der stärksten aller Sehnsüchte, die sich am geschicktesten tarnen, maskieren und entwaffnen kann. Sie war in ihn hineingekrochen.

Die Sehnsucht – nach Macht!

Auf einmal zweifelte er Gott an, die Göttin, das Göttliche, die Göttliche Quelle allen Seins. Genau genommen zweifelte er Gott nicht an, sondern er begab sich in die Illusion der Trennung von ihm. Er schwor ihm ab. Er sah nur mehr die Macht. Die Macht Gottes, Macht! Zumindest aus seiner Sicht. Aus Luzifers Sicht.

Aus seinem Blickwinkel heraus
hatte Gott eine unbeschreibliche Macht.

Und diese Macht, ja, diese Macht wollte er an sich reißen! Er wollte diese Macht. Nicht einen Teil dieser Macht. Die ganze Macht!

Auf einmal wollte er Gott sein.

Er wollte der Allmächtige sein!

Der Herrscher!

Denn darauf reduzierte sich nun für ihn das Göttliche!

Und in dem Moment, in dem diese Gier ihn übermannte, stolperte er, während er einen energetischen Fuß vor den anderen setzen wollte, auf diesem Weg des Aufstiegs entlang der spirituellen Leiter, auf dem er noch vor kurzem in Reinheit, Treue und ehrlicher inniger Bescheidenheit, seinen Weg ins göttliche Herz, ins göttliche Bewusstsein hinaufzusteigen, geschritten war.

Und im Moment des Falls schmeckte er, wie es sein würde, die ganze Macht an sich zu reißen und das gesamte Universum zu beherrschen. Ja, nicht nur das ganze Universum zu beherrschen, sondern weitere Universen zu erschaffen, anhand SEINER Ethik, anhand SEINER Realität.

Und er fiel und fiel und fiel,

bis er am Fuße dieser Leiter aufprallte.

Gottes Liebe ist so bedingungslos, Gottes Liebe ist so unbeschreiblich, unendlich, dass Gott ihn weiterhin liebte, so, wie er die anderen Engel und Erzengel liebte, Wesen, die in aller Geduld, in aller Ruhe, in aller Bescheidenheit einen energetischen Fuß vor den anderen setzten, um die Leiter des Aufstiegs weiter zu erklimmen.

Er, sich am Boden krümmend, sah jedoch nicht, dass Gott ihm diesen Fauxpas schon verziehen hatte, noch bevor er geschehen war.

Denn Gott, die Göttin, kennt seine/ihre Geschöpfe, seine/ihre Anteile so unaussprechlich genau, dass, schon bevor diese etwas tun, etwas denken oder wünschen, die Göttliche Quelle darum weiß und Vergebung schon stattgefunden hat, bevor das Wesen selbst weiß, dass es diese Entscheidung treffen wird oder zu treffen überhaupt imstande ist.

So war ein Missverständnis geboren, ausgehend von Luzifer gegenüber Gott.

Gott hatte ihm schon im Fall verziehen.
Gott hatte sogar gesagt:

„Mein geliebter Engel, ich werde dich sofort auffangen, ich werde meine göttliche Hand unter deinen wunderschönen Engelskörper legen, um dich weich landen zu lassen, noch bevor du aufprallst, um dich sogar noch über dich selbst und deinen vor deinem Fall vorhanden gewesenen Bewusstseinszustand hinaus zu transportieren, denn ich liebe dich, und keine Entscheidung kann so falsch sein, dass meine Liebe jemals von dir abgeschnitten wird."

Jedoch fiel Luzifer in seine tiefste Selbstverleugnung, in seinen bittersten Selbsthass, er verzieh es sich selbst nicht und konnte somit das göttliche Verzeihen nicht wahrnehmen, geschweige denn annehmen.

Er war sich des göttliche Verzeihens nicht gewahr,
das über ihn rieselte wie leise fallender Schnee.

Er krümmte sich am Boden. Er wand sich, er schämte sich, er wagte es nicht, auch nur einem einzigen der anderen Engel ins

Gesicht zu blicken. Er schämte sich so sehr seines Schattens, lange hatte er ihn wahrgenommen beim Aufstieg dieser Leiter in eine höhere Schwingung hinauf. Je höher er aufgestiegen war, desto mehr hatte der Sog seines Schattens an ihm gezogen. Durch den Schatten, die Scham und die Schuldgefühle war er immer einsamer geworden.

Scham und Schuldgefühle waren zu den Grundfesten seiner Isolation geworden, die Wolle, aus der das Gewand seiner Isolation, seiner Trennung von Gott gestrickt waren.

Jedoch hatte er diesen Schatten verleugnet, negiert, obwohl er um dessen Existenz hätte wissen können. Dann war er gefallen.

Er verzieh es sich nicht.
Er verzieh es sich nicht.
Er verzieh es sich nicht.

Er krümmte sich. Er schämte sich. Er empfand Schuld. Er fühlte sich so abgelehnt von Gott, dessen Ruf, wieder in die berührende Quelle des Herzens zu kommen, er nicht hören konnte, dass er sogar das Göttliche beschimpfte, es hätte ihn verstoßen.

Seine Ohren konnten die göttliche Stimme nicht mehr hören, seine Augen das göttliche Licht nicht mehr blicken. Er konnte das Göttliche nicht mehr schmecken, nicht mehr riechen, nicht mehr fühlen, weder im Innen noch im Außen. Er hatte das Göttliche in sich selbst, das in ihm enthalten war, verleugnet und somit das Göttliche im Außen, das für alle anderen noch zu erkennen war. In diesem Zustand verweilte er über einen langen Zeitraum hinweg.

Er konnte sich nicht verzeihen.
Er konnte sich nicht verzeihen.
Er konnte sich nicht verzeihen.

Er krümmte sich, er wand sich, er verlor sich in tiefstem Schmerz. In allen von uns ist der gesamte Kosmos enthalten, so, wie wir im gesamten Kosmos enthalten sind. Also enthielt die gesamte Existenz dieses winzige Element des Luzifer, der sich krümmte, der sich wand, der sich grämte, der sich schämte. Manche Wesen empfanden diese subtil spürbare Essenz deutlicher, andere weniger deutlich.

Manche konnten ihn wahrnehmen,
diesen Luzifer und seinen Schatten.

Somit hatte er mit seinem Fall Einfluss auf die Religion, die Politik, Beziehungen, Familien, Ehen, auf die innerpsychische Dynamik jedes Einzelnen der Existenz. Manche waren empathisch mit ihm verbunden, einige spürten sein Flüstern:

„Tu es mir gleich,
damit ich in dieser Abgeschiedenheit
nicht der Einzige bin.

Tu es mir gleich,
damit ich mich in dieser Abgeschiedenheit
nicht in meiner Einsamkeit wiege,
damit ich nicht an dieser zugrunde gehe.“

Manche Seelen hörten sein Flüstern, andere bekämpften es. Einige Seelen besiegten es in sich, andere nahmen das Flüstern nicht wahr, abhängig von dem Bewusstseinsstand derjenigen, an die sich das Flüstern richtete.

Grund und Ursache seines Flüsterns, die Menschen zum Schatten zu verführen, war lediglich seine Einsamkeit. Er fühlte sich nicht länger würdig, sich dem Licht zuzuwenden. Wie er sich allein im Angesicht der Illusion der Dunkelheit krümmte, sehnte er sich nach Weggefährten, nach dem Schatten der Erfahrungen, in denen er in der Verbundenheit zum Göttlichen so lange geruht hatte.

Nun wollte er den Gegenpol gründen, was er gegenüber der Einsamkeit bevorzugte. Er verwechselte es nicht mit seiner wahren Bestimmung, sondern war sich gewahr, dass es sich um einen Kompromiss handelte, jedoch war ihm alles lieber, als die niemals endende Ewigkeit der Einsamkeit.

Derweil ruhte die Göttliche Quelle
in bedingungsloser Liebe und Geduld.

Die anderen Erzengel gingen weiterhin ihren Aufgaben nach; mit liebevollen Blicken in seine Richtung, mit Gebeten auf ihren Lippen, dass er aus der Illusion erwachen möge, mit bedingungsloser Liebe für ihn in ihrem Herzen. Sie liebten ihn. Sie liebten ihn, wie sie ihn immer geliebt hatten. Wie auch immer er handelte, die Flammen ihrer Liebe für ihn loderten in ihrem Herzen. Sie ließen ihn verweilen, denn in unverkennbarer Klarheit war ihnen bewusst: Er hatte diesen Weg gewählt, genau das wollte seine Seele erfahren.

Luzifer konnte sie nicht wahrnehmen, er fühlte sich vollkommen von ihnen abgeschnitten und des Kontakts zu ihnen nicht würdig. Er war in der Illusion der Trennung gefangen, herausgefallen aus dem All-Eins-Sein. Lange litt er. Lange wand er sich in bitterster Einsamkeit.

Dies war eine Illusion.
Seine Illusion.

Er wäre allen willkommen gewesen, er wäre Gott willkommen gewesen, er wäre den anderen Engeln willkommen gewesen, aber er erkannte es nicht. Die Göttliche Quelle verblieb im Mitgefühl, in väterlich-mütterlicher Liebe. Er empfand das nicht. Es war sein Prozess zu begreifen, dass er nie ausgestoßen worden war.

Es war sein Prozess zu begreifen, dass die Göttliche Quelle ihm nie den Zugang zum Rest der Existenz verwehrt hatte. Im Rahmen des freien Willens aller Existenz zwang ihn niemand dazu, schneller zu dieser Einsicht zurückzukehren.

DIE Göttliche Quelle ist Geduld.
DIE Göttliche Quelle ist bedingungslose Liebe.
DIE Göttliche Quelle ist alles, was Licht ist.

Luzifer ist **n i c h t** gleich Satan,
Luzifer ist **n i c h t** gleich des Teufels.

Ich bin *SANANDA,* und ich sage euch: In der Wahrhaftigkeit gibt es weder den Satan, noch den Teufel oder Ähnliches. Der Satan ist nichts als eine Erfindung dessen, was die Seelen-Psychologie das negative Ego nennt.

Luzifer trug einen Funken der Dunkelheit in sich, auf den er für eine einzige Zehntel Sekunde gehört und die ihn zu Fall gebracht hatte.

Dort war er Opfer seines Selbst, seiner Scham, seiner Schmach, seiner Schuld geworden.

Dort hatte er vergessen, dass er sich in einem bedingungslos liebenden, verzeihenden Universum befand.

Die Wesen, die sich im Schatten winden, verlieren sich noch in der Illusion des Neids und der Machtgelüste, sie versinken in Gier, Besessenheit, Sucht, Hass, Vergebungslosigkeit, Härte, Lüge, Scham, Schuld, Angst, Drohung, Selbstzentriertheit, Maßlosigkeit, Brutalität, sie ertrinken in der Illusion der Trennung.

Es kam der Moment seines Erwachens.
In dem Moment, in dem er erkannte,
dass Gott ihn nie verstoßen hatte,
erhob er sich auf die höchsten Schwingungen
der höheren Dimensionen.

Er wurde von Mitgefühl sich selbst gegenüber durchflutet, von einer Welle der Vergebung, von einer Woge des Verzeihens. Er bereute nicht, dass er sich so lange gequält hatte, dass er so lange in der Illusion der Trennung verweilt hatte, sondern ruhte in tiefem Frieden.

Nicht nur in *Luzifer*, sondern in der gesamten Existenz gibt es in Allem-was-ist die Veranlagung zum göttlichen Bewusstsein oder Christus-Bewusstsein, das ihr auch Buddha- oder *KWAN YIN* Bewusstsein nennen könnt. Ihr könnt diesem hohen Bewusstsein auch einen anderen Namen eurer Wahl geben: Es gibt die Veranlagung zum Schatten-Bewusstsein, zum negativen Bewusstsein.

Ich, *SANANDA*, möchte euch sagen: Wenn Luzifer es geschafft hat, die Illusion des dunklen Bewusstseins zu erkennen und ins lichtvolle Bewusstsein zu transformieren, nachdem er bis unter die unterste Sprosse der Leiter der Existenz gestürzt war, wird es auch dem Rest der gesamten Existenz gelingen. So wird es jedem Einzelnen von euch, auch dir, wenn du es möchtest, gelingen, wenn es noch nicht geschehen ist.

VIELLEICHT ist Luzifers Geschichte ein Stück weit auch deine Geschichte? Vielleicht ist Luzifers Geschichte ein Stück weit die Geschichte eines jeden Wesens dieser Existenz?

☆☆☆

So lasst mich nun die wichtige Frage beleuchten:

Was verstehen wir unter dem „Schatten"?

Bei Weitem handelt es sich um mehr, als sich über das Göttliche erheben zu wollen! Die Sprosse der spirituellen Aufstiegsleiter, bei der Luzifer gestrauchelt und dann gefallen war, beinhaltete in unmerklichsten, in feinsten Buchstaben das Schattenthema „Machtgier": eine der dunkleren Schattierungen, die ein in Kontemplation geübter Betrachter vielleicht im eigenen Selbst mit Leichtigkeit erkennen kann.

Jedoch gibt es auch die subtileren Schatteneigenschaften, die ihr vielleicht überseht, und so ist es mir ein Anliegen, diesbezüglich um eure Aufmerksamkeit zu bitten, sodass euer Emporstieg entlang dieser Leiter des Aufstiegs ein freudvoller bleiben möge.

Gekoppelt an jeden Schatten befindet sich die Angst. Das solide Fundament eines Schattens, der Macht bekommt, sich auszudehnen und mehr und mehr des Bewusstseins zu vereinnahmen und zu färben, ist die Existenzangst, die Angst vor Auslöschung, die Todesangst, die Verlustangst. Aufbauend auf diesen Ängsten findet ihr die weiteren Variationen eurer Schatten.

In Eindringlichkeit bitte ich euch:

LIEBT EUCH, liebt euch, während ihr dieses Fundament der Angst in ein Fundament des Gottvertrauens, des Urvertrauens, der Verschmelzung mit der Göttlichen Quelle verwandelt!

LIEBT EUCH wie einen neugeborenen Säugling, dessen Lungen erstmalig ein zaghafter Laut entfleucht, nachdem er, sein Nest der Geborgenheit verlassend, das Licht eurer Welt erblickt und den Sensationen seiner erstmalig atmenden Lunge um Zuwendung bittend Ausdruck verleiht.

Eure Sehnsucht nach Geborgenheit in der Verschmelzung mit der Göttlichen Quelle ist von der gleichen Intensität wie die jenes Säuglings, der, sein so vertrautes Paradies verlassend, einer noch fremden Welt ins Antlitz blickt.

Auch eure Schatten sind ebenso liebenswert!

In eurem möglicherweise vorhandenen Ansinnen, eure Schatten nicht zu lieben, seid ihr lediglich in ein Missverständnis gestolpert wie Luzifer, unser geliebter Freund Luzifer, der sich selbst nicht mehr ins Antlitz zu blicken wagte.

Nichts ist falsch an euch, geliebte Freunde!
Nichts könnte verachtenswert sein.

Der Schatten beinhaltet lediglich eure abgespaltenen Aspekte, die ihr nicht anzublicken wagtet, weil sie euch noch überwältigten, überforderten.

Wir lieben eure Schatten, wir sind gerührt durch eure Schatten, berührt von euren Schatten, und wir wünschen uns, dass ihr sie ebenfalls durch den Blickwinkel dieser Liebe betrachten könnt.

Manche eurer Schatten repräsentieren einen unüberwindbar erscheinenden Abgrund, der zwischen euch und dem Pfad ins irdische Paradies klafft, und mit eurer Erlaubnis wünschen wir, eine Brücke über jenen Abgrund bauen zu dürfen.

Lasst uns euer Verständnis erweitern, wie wir euch begleiten, wenn ihr bereit seid, im Alltag unserem Flüstern zu lauschen, das ihr, wann immer ihr euch der Achtsamkeit hingebt, im Zentrum eures liebenden Herzens vernehmen könnt.

Wann immer euer Herz im Einklang mit der Liebesfrequenz schwingt, seid ihr in der Lage, euch durch unser Flüstern führen zu lassen.

Nicht nur Luzifer fiel die Stufen herunter, während er in ein immer höher spiralisierendes Bewusstsein hinaufstieg, sondern auch viele von euch Menschen. Manche fielen tausend Stufen hinunter, manche hundert, andere zehn.

Wenn ihr gestürzt seid, ist dieser Fall vorübergehend, eventuelle Brüche sind reparabel. Die entstandenen Scherben können aufgelesen werden, sodass niemand, auch ihr nicht, sich an ihnen verletzt.

Eine Möglichkeit, den Wiederaufstieg fortzusetzen oder zu beginnen, ist es, eurem inneren Flüstern zu lauschen, dem Flüstern eurer Seele, eures Herzens.

Je größer eure Bereitschaft ist, dem Flüstern zu lauschen, desto schneller und leichter fällt das Aufstehen, die Einsicht, die Wandlung, der Wiederaufstieg. Die meisten von euch würden nicht wie Luzifer bis auf den Boden dieser Leiter fallen, sondern lediglich die eine oder andere Stufe hinunter.

Oft ist es nur eine kleine Seitenangst, die den Knöchel eures Fußes ergreift und durch deren forschen, so real wirkenden Griff ihr vielleicht ins Straucheln gebracht werdet, sodass ihr stürzt und für kurze Momente auf einer niedrigeren Bewusstseinsstufe als zuvor verwirrt liegen bleibt.

Manchmal stürzt ihr an der gleichen Stelle mehr als einmal. Das geschieht, wenn euch auffällt, dass ihr euch in dem einen oder anderen Lebensbereich im Kreis dreht. Eine vielleicht schmerzliche Erfahrung wiederholt sich: einmal, zweimal, dreimal ...

In diesen Situationen liegt vielleicht eine unangenehme Stagnation vor. Oder ein Lebenswunsch erfüllt sich wieder und wieder nicht, obwohl ihr für die Erfüllung gebetet habt, aktiv wart, alles nur Erdenkliche versucht habt, jedoch ohne Erfolg. Vielleicht habt ihr schon begonnen, Gott anzuzweifeln oder ihm zu grollen, weil er trotz all eurer Gebete noch immer nicht reagiert zu haben scheint.

Und nun – schaut energetisch blickend zu eurem Fußknöchel.

Welcher Schatten, welche verdrängte Angst, welche alte, noch nicht ganz geheilte Wunde verbirgt sich dort?

Siehst du sie?

Schau ihr ins Gesicht, und sie wird ihre Macht über dich verlieren, schnurrend wie ein Kätzchen um deine Beine streichen und um Erlösung bitten.

Welche Wunde, welche sorgsam verhüllte Angst entpuppt sich als dein Schatten, der nun bereit ist, von den Sonnenstrahlen deines Bewusstseins beleuchtet zu werden, endlich, nach der langen Zeit im Dunkeln ans Tageslicht geholt zu werden, um nun, indem er offen betrachtet wird, all seine Macht, die letzten Reste seiner Macht über dich zu verlieren!

Wenn du den Eindruck hast, dich noch manchmal im Kreis zu drehen, möchten wir dich, ja dich, an die Hand nehmen, um dir anhand der immerwährenden Symbolik der Existenz auf der Bühne des Lebens deine Angst ins Gesicht lächeln zu lassen.

Dank deines liebevollen Lächelns wird diese Angst die Zügel deiner Eigenermächtigung, die sie bis dahin, ihr Gesicht zu einer bedrohlichen Fratze verziehend, eisern in Händen hielt, dir selbst wieder in den Schoß legen.

GERNE wird sie sich daran erinnern lassen, dass es nicht ihr, sondern dein Schicksalsweg ist, den Wagen deines Lebens zu lenken.

Abschied von den Illusionen

Ein Leben mit verschlossenem Herzen ist nichts anderes als ein Leben in der Hölle. Über einen langen Zeitraum hinweg vermuteten einige Menschen auf Erden, die Hölle sei der Ort, den manche Seelen, die ein herzloses Leben geführt hatten, nach ihrem Tod aufsuchen würden. Jedoch möchten wir euch versichern: Diese historisch, über einen langen Zeitraum hinweg vermutete Hölle jenseits eures physischen Lebens ist in dieser damals geglaubten Form bei Weitem nicht existent.

Führt ihr ein herzloses Leben, wartet ihr nicht bis nach dem Tod, um in die Hölle geführt zu werden. Sobald euer Herz verschlossen ist, setzt ihr einen Zeh oder die Hälfte eures Fußes, vielleicht sogar euren ganzen Fuß, in die Hölle, in die irdische Hölle, die ihr, in eurem physischen Körper wandelnd, durchlebt und durchlauft. Oft, immer wieder, tagein, tagaus, ohne nennenswerte Änderung, ohne einen Ausweg zu finden, ohne zu bemerken, wie ihr in diese hineingeraten seid.

Die Hölle beginnt in dem Moment, in dem euer Herz verschlossen ist, in dem Moment, in dem der Fluss der Liebe zum Stillstand kommt. Holz wird in euer Fegefeuer geworfen, sobald in eurem Herzen Liebe zu Hass wird.

Der Hass ist euer Fegefeuer.

Niemand glüht mehr, niemanden verbrennt ihr mehr als euch selbst, während die Schwingung des Hasses euer Bewusstsein durchflutet.

Losgelöst davon, wen oder was ihr hasst, ob eine Person, eine Menschengruppe, bestimmte menschliche Eigenschaften, etwas Konkretes oder etwas Abstraktes, die Schwingung dieses Hasses ist die Schwingung der einzigen Hölle, die es gibt.

Der Glaube, euer Hass sei unabänderlich, der Glaube, eine Quelle außerhalb eures Selbst sei für das Versiegen eures Hasses verantwortlich, versiegelt das Tor, durch das ihr die Hölle verlassen könntet.

Die Hölle ist in der Präsenz des Hasses existent. In dem Moment, in dem euch kein Hass mehr innewohnt, habt ihr euch über die Schwingungsfrequenz der Hölle erhoben und befindet euch jenseits der Illusion der Hölle.

In dem Moment,
in dem alle Menschen den Hass in sich selbst
verabschiedet haben, ist der Planet aufgestiegen.

Auch die Geschwister des Hasses bitten darum, verabschiedet zu werden:

Groll,
Neid,
Urteil,
Zorn,
Missgunst,
Arroganz,
Betrug,
Lüge,
Gier,

Machthunger,
Tyrannei,
Härte.

☆☆☆

Dürfen wir dich auf einen Spaziergang einladen?

Du gehst eine Straße entlang, eine kleine Straße, die sich überall auf dieser Welt befinden könnte, in einem armen, wie auch in einem reichen Land. Bei einer Kreuzung biegst du ab, erwartest nichts Besonderes und begegnest plötzlich einer Mutter und ihrem vielleicht dreijährigen Kind.

Jedoch ist dies keine idyllische Szene, kein harmonisches Bild, in dem sie die Kleine liebevoll bei der Hand hält und geduldig wartet, wie sie langsam ein Füßchen vor das andere setzt, egal, wie lange es dauert, in aller Ruhe dabei vielleicht eine Geschichte erzählend.

Nein!

Das Gesicht dieser Mutter ist verhärtet. Sie beißt beide Kiefer fest aufeinander, ihre Augenbrauen sind zusammengezogen, sie ist bleich vor Wut. Kleine Pfeile scheinen geradezu aus ihren Augen zu sprühen. Du hörst ihre Worte nicht, denn sie quetscht sie zwischen zusammengebissenen Zähnen hervor, jedoch spürst du: Diese Worte zerreißen das Herz des kleinen weichen Wesens.

Mehr und mehr steigert sich die unerträglich werdende Spannung. Sie beginnt zu schreien, an der Hand und dann am Arm der Kleinen zu ziehen, sie holt aus, um ihr eine Ohrfeige zu geben ...

> Wo bist du? Jetzt?
> In der Hölle? Im Himmel? Irgendwo dazwischen?
> Reagierst du? Agierst du?
> Wer ist diese Frau für dich?

WENN es dir gelingt, sie in Liebe zu hüllen, hast du deine Hölle bereits verlassen.

WENN es dir gelingt, Gott in ihr zu sehen, hast du deine Hölle bereits verlassen.

WENN es dir gelingt, für sie zu beten, hast du deine Hölle bereits verlassen.

WENN es dir gelingt, ihr tiefe Liebe und tiefen Frieden zu wünschen, hast du deine Hölle bereits verlassen.

WENN es dir gelingt, ihr diese Liebe und diesen Frieden zu senden, sie darin einzuhüllen, sodass Frieden und Liebe spürbar werden und sich vor deinen Augen zu transformieren beginnen, bist du zu einem torlosen Tor geworden, durch das sie ihre Hölle verlassen kann.

WENN es dir gelingt, dich auch nicht eine einzige Stufe höher sitzend zu sehen als sie, sondern dein Herz in absoluter Ebenbürtigkeit zu ihr überzufließen beginnt, in der möglichen Erinnerung daran, dass erst gestern du in ihren Schuhen hättest wandeln können, bist du zu einem torlosen Tor geworden, durch das sie ihre Hölle verlassen kann.

WENN es dir gelingt, ihr ermutigende Worte zuzuflüstern, sei es telepathisch oder verbal, bist du zu einem torlosen Tor geworden, durch das sie ihre Hölle verlassen kann.

WENN du sie von Herz zu Herz umarmst, ihr anbietest, ihr eine Stütze zu sein, sie fragst, ob sie etwas braucht, wie du ihr dienen kannst, bist du zu einem torlosen Tor geworden, durch das sie ihre Hölle verlassen kann.

Das torlose Tor führt direkt
in die Welt des Herzens.

Du bist ein torloses Tor,
wann immer du mit offenem Herzen
zwischen deinen Brüdern und Schwestern verweilst.

☆☆☆

Multidimensionaler Ausstieg aus der Illusion

Nicht nur in der physischen Dimension der Erde existiert die Illusion der Abgeschnittenheit von der Liebe, nicht nur in der physischen Dimension der Erde existiert die Illusion des Hasses, der Bitterkeit, der Trennung vom Licht.

Es gibt auch eine nicht-physische irdische Dimensionsebene, in der diese Form der Illusion von einigen Wesen erfahren wird. Das ist auf einer Dimensionsebene der Astralebene der Fall.

Ihr Menschen habt viele Wahlmöglichkeiten bezüglich der Entscheidungsfrage: „Wohin möchtest du dich begeben, nachdem für dich die Zeit gekommen ist, deinen physischen Körper hinter dir zu lassen und auf eine andere Ebene zu gehen?"

Ihr allein entscheidet.

Gott möchte diese Entscheidung nicht für euch treffen.

Ihr habt die Wahl, den freien Willen.

Je weiter euer Horizont, desto weiter erstrecken sich eure Möglichkeiten.

Je tiefer ihr in der Liebe, im Vertrauen, im Göttlichen verankert seid, desto mehr navigiert ihr zu dieser Schwingungsfrequenz, natürlich auch in den nicht-physischen Dimensionen.

Es gibt unendlich viele lichtvoll schwingende Dimensionen und Orte, zu denen ihr navigieren könnt.

Wenn dies euer Wunsch ist, könnt ihr euch beispielsweise zu uns, zu den Aufgestiegenen Meistern begeben.

Die meisten Seelen, die ihren Körper verlassen haben, magnetisieren zu der Schwingungsebene, mit der ihr Magnetismus, ihre Resonanz am Größten ist. Die Anziehung der Magnetismen kennt ihr bereits von der physisch-irdischen Ebene: Freunde, Wohnorte, Arbeitsplätze, Möglichkeiten, Erfahrungen, die mit euch in Resonanz sind, kommen in euer Leben. Diese Resonanzen sind vorhanden, bis ihr eure Schwingung, euren Magnetismus, verändert, so lange, bis ihr eine andere Entscheidung trefft.

Warum sollte das in den nicht-physischen Dimensionen anders sein? Auch hier seid ihr weiterhin sehr co-kreativ bei der Manifestation eurer Erfahrungen.

Was also geschieht mit den Seelen, die innerhalb ihres physischen Lebens starke Widerstände hatten, deren Herzen sich verschlossen, die sich von der Liebe abgewandt hatten, die in der Welt des Grolls, des Zorns, der Schuldzuweisung, des Hasses zu Hause waren?

Was geschieht mit den Seelen, die zu physischen Lebzeiten keinerlei Glauben, keinerlei Hoffnung, keinerlei Gottverbundenheit hatten?

Natürlich haben diese Seelen die freie Wahl!

Sie haben die Wahl, zu erwachen. Jederzeit haben alle Seelen die freie Wahl. Jederzeit sind alle Seelen frei, zu erwachen, frei, ein Spontan-Erwachen zu erfahren: auch ein Erwachen aus dem Tiefschlaf in die vollkommene Klarheit.

Für viele Seelen ist das Verlassen des physischen Körpers ein kraftvolles Initiationstor, ein unsagbar kreativer Neuerschaffungsmoment, vergleichbar mit der Schöpferkraft der Geburt.

Daher widerfährt es unendlich vielen Seelen, die zu Lebzeiten an nichts Spirituelles glauben konnten, dass sie im Moment des Übergangs all die spirituellen Welten und Möglichkeiten sehen, erleben, empfinden, um die sie in ihrem irdischen Leben nicht wussten, an die sie nicht einmal hatten glauben können.

Das ist ein Spontanaufstieg, ein Spontan-Erwachen, Erwachen durch göttliche Gnade, Heimkehr, die Heimkehr des verlorenen Sohns, der verlorenen Tochter wird zelebriert.

Die Seele hat den Moment gewählt, den Schleier der Illusionen abzulegen.

Ein heiliger Moment vollzieht sich.

Es ist der höchste Dienst an einer hinübergehenden, den Körper zurücklassenden Seele, während ihres Hinüberschreitens für sie zu meditieren, zu beten, sie in Licht zu hüllen, sie im höchsten Licht zu sehen, das Bewusstsein für sie hoch zu halten.

Die Energie, die ihr dadurch generiert, fließt direkt zu dieser Seele und ihrem Erwachen.

In den ersten drei Tagen nach dem Übergang ist der Spontanaufstieg am leichtesten, auch für eine Seele, die innerhalb ihres physischen Lebens starke Widerstände gegen die Spiritualität hatte. Denn die Seelen, über die wir hier sprechen, erfahren sich nach dem Übergang häufig weiterhin innerhalb der linearen Zeit.

Auch wenn ihr eine Seele, die hinübergegangen ist, nicht gekannt habt, könnt ihr diesen hohen kostbaren Dienst an ihr verrichten.

Wenn im Rahmen der Erdveränderungen Ereignisse geschehen, in denen viele Seelen gemeinsam hinübergehen, könnt ihr ihnen diesen hohen und wichtigen Dienst erweisen, ihren Spontanaufstieg zu unterstützen, auch dann, wenn ihr physisch weit von ihnen und dem Ort des Geschehens entfernt seid.

Nicht alle Seelen sind bereit, sich für den Spontanaufstieg zu entscheiden. Manche möchten die Illusionen, zu denen sie auf Erden vielleicht eine gewisse Anhaftung entwickelten, aufrechterhalten.

Sie navigieren auf einer Ebene der Astralebene, auf der dies möglich ist.

Auf dieser Ebene bemerken viele Seelen nicht, dass sie keinen physischen Körper mehr haben.

Dort sind alle Illusionen erfahrbar, denen sich diese Seele auf physischer Ebene vielleicht hingab: die Illusion der Süchte, der Anhaftungen. Alle dichter schwingenden Erfahrungsmöglichkeiten können sich diese Seelen weiterhin kreieren.

Sie können die Illusion der Trennung, die Illusion der Abwesenheit des Lichts weiter aufrechterhalten.

Diese Illusionswelt ist eine einsame, eine leere, eine eingeschränkte Welt.

Lichtwesen verrichten auch hier ihren Dienst, um diesen Seelen wieder und wieder den Weg ins Licht zu zeigen, so lange, bis sie bereit sind, ihn anzunehmen.

Alle Seelen sind früher oder später bereit,
den Weg ins Licht zu beschreiten.

Diese Dimension könntet ihr als eine Art Zwischenstation betrachten, in der sich manche Seelen aufhalten, bis sie bereit sind, sich auf eine höher schwingende Ebene zu begeben.

Euer Licht, eure liebevollen Gedanken und Gefühle für diese Seelen, eure Gebete und Meditationen helfen diesen Seelen sehr, das Vertrauen zu finden, diese Ebene zu verlassen und die Reise ins Licht anzutreten.

Wir betonen: Immer wählen die betroffenen Seelen diese Erfahrung in vollkommener Freiwilligkeit. Nie würde eine äußere Instanz ihnen aufgetragen, sich in diese Erfahrung zu begeben.

Göttliche Strafe, wie manche von euch
sie vielleicht fürchteten,
ist nicht existent.

Vielleicht fragt ihr euch, warum eine Seele freiwillig diese Form des Seins wählen kann?

MANCHE Seelen halten nichts anderes für möglich, kennen nichts anderes, haben sich gegenüber allen anderen Möglichkeiten verschlossen, ihr Seelenherz und ihren Horizont diesbezüglich verengt.

ANDERE Seelen glaubten zu Lebzeiten vielleicht an die Hölle oder dass sie schlechte Menschen seien und meinen nun, sich zunächst bestrafen zu müssen, um des Lichts würdig zu werden.

WIEDERUM andere Seelen merken nicht, dass sie den physischen Körper bereits verlassen haben, lebten ein Leben jenseits von Liebe und Licht und führen diese Illusion nun in ihrer Körperlosigkeit weiter.

WEITERE Seelen hatten zu physischen Lebzeiten eine große Anhaftung oder auch mehrere, eine massive Drogensucht zum Beispiel, und sind nach dem Übergang noch nicht bereit, diese Illusion loszulassen.

ANDERE Seelen möchten genau dies erfahren. Sie möchten das gesamte Spektrum der Möglichkeiten durchlaufen und, bevor sie im Licht sind, die Illusion der Dunkelheit geschmeckt haben.

WIEDER andere Seelen wählen aus allen Möglichkeiten genau dieses Tor zur anderen Seite, um dadurch auf einen weiteren Seelendienst vorbereitet zu werden. Sie werden sich daraufhin in die Lichtwesen entwickeln, die zurückkehren, um den dortigen „Gefangenen" den Weg ins Licht zu weisen.

Losgelöst davon, aus welchem Grund heraus eine Seele die Wahl trifft, sich vorübergehend auf diese Ebene zu begeben, ist es immer eine große Erlösung für sie, diese Ebene zu verlassen.

Eure Gebete, eure Meditationen, euer Licht, eure Liebe sind jederzeit willkommen, diese Seelen zu unterstützen, sich auf eine lichter schwingende Ebene zu bewegen.

Die Liebe und Reinheit eures Herzens
sind das einzig Notwendige,
um diesen Dienst des Lichts zu tun.

Die Sprache deiner Seele

„Lieber SANANDA, woran erkennen wir, dass wir wirklich unsere Bestimmung leben?“

Geliebte Seele, ich bin *SANANDA*, und ich grüße dich und möchte dir, Beruhigung einhauchend, zuflüstern: Deine Bestimmung entwickelt sich parallel zu deiner eigenen Entwicklung.

Heute ist deine Bestimmung eine andere als vor zehn Jahren und wiederum eine andere als in zwanzig Jahren. Sie ist kein Ziel, bei dessen Erreichen du dankbar aufatmest, weil du es nicht verfehlt hast.

Es ist nicht notwendig, eine Plattform zu erklimmen, um dann die Berechtigung zu erhalten, dein Leben genießen zu dürfen.

Deine Bestimmung wird während jedes Atemzugs gemeinsam mit Gott, der Göttin, der Göttlichen Quelle co-kreiert. Deine momentane Bestimmung darf sich spontan aus deinem sich jetzt neu entfaltenden Sein heraus erschaffen.

Schon vor Beginn deines jetzigen physischen Lebens gab es eine Bestimmung deines Lebens, die deiner größten damaligen Sehnsucht entsprach, und gleichzeitig bist du jederzeit frei, diese neu zu manifestieren. In dem Moment, in dem du um deine Freiheit weißt, deine Bestimmung zu verändern, sie neu zu wählen, kannst du sie nicht verfehlen.

Du kannst die Illusion deiner damaligen Limitierungen loslassen, dich an ein nie geahntes Potenzial der Zukunft erinnern und dich in etwas noch nie zuvor Dagewesenes hinein entwickeln!

Es gibt die **EGOSEHNSUCHT** und die **SEELENSEHN-SUCHT**.

Bis zu einem bestimmten Zeitpunkt auf deinem Lebensweg ruft die Egosehnsucht lauter als die Seelensehnsucht, und die Seelensehnsucht ist das leisere Flüstern, das du in den tiefsten Tiefen deines Herzens vernimmst. Ein überhörbares Flüstern. Das größere Risiko.

Folgst du dem Seelen-Sehnsuchtsgeflüster, kannst du alles riskieren, verlieren oder gewinnen.

Wonach sehnt sich dein Ego?

Nach Ruhm, Glanz, Sicherheit,
der Illusion der Sicherheit,
danach, anerkannt zu werden.

Endlich anerkannt zu werden von deiner Mutter, deinem Vater, deiner Großmutter, deinem Großvater, vom Familienclan, von dem Mann, in den du damals so verliebt warst, dem du aber nicht gut genug zu sein schienst?

Anerkennung derer, die Geld haben,
Anerkennung, derer, die du immer bewundert hast, an die du aber nie herangekommen bist?

Sehnt es sich nach Lob,

nach Bestätigung, nach einer Gruppe, zu der es nach langer Zeit der Einsamkeit endlich dazugehören kann?

Sehnt es sich danach, Recht zu haben, sich den anderen endlich beweisen zu können? Wonach sehnt es sich?

Sehnt es sich nach Macht?
Danach, etwas Besonderes zu sein? Anders als die anderen?
Danach, gefeiert zu werden?
Der Auserwählte zu sein? Der Erlöser?

Danach, herauszuragen aus der Masse, oder sich verstecken zu können?

Wovon möchte sich dein Ego vielleicht entfernen?
Wovon möchte es sich lösen?
Womit möchte es nichts mehr zu tun haben?
Welche Sicherheit verbirgt sich hinter all dem für dein Ego?
Wie schützt es dich dadurch vor vermeintlicher Gefahr?

Empfindet dein Ego den Beweggrund:

„Wenn ich „das“ geschafft habe, hinter mir gelassen habe, dann werde ich endlich glücklich sein.“

Peitscht dich die Getriebenheit deines Egos?

Vielleicht sind es zwei Stimmen, die in dir flüstern, eine maskierte und eine wahrhaftige Stimme. Durch letztere spricht deine Seele zu dir. Sie flüstert von deiner Bestimmung.

Die Stimme des Egos flüstert lauter, trägt vielleicht die Verkleidung höherer Intelligenz, bringt Argumente vor, Begründungen, Beweise. Die Stimme des Egos zieht dich in ihren Bann, verführt dich, will dich überzeugen.

Das Flüstern deiner Seele spricht die einfache Sprache des Herzens und kann dir manchmal nicht sagen, warum es dich bittet, einen bestimmten Weg zu gehen.

MANCHMAL sagt die Seelenstimme vielleicht: „Aus Liebe."

MANCHMAL sagt sie: „Es würde mich glücklich machen."

MANCHMAL sagt sie: „Ich habe Angst, und dennoch weiß ich, es ist der richtige Weg." oder „Ich weiß noch nicht WIE, aber ich vertraue, dass es möglich sein wird."

Die Stimme deiner Seele würde dich nie bedrängen, schieben, überreden, dir mit Konsequenzen drohen – das Ego hingegen arbeitet mit diesen Methoden.

Das Ego berechnet.
Das Ego vermeidet.
Das Ego wägt ab.

Wenn auch du dem Wegweiser des Egos gefolgt bist und nicht dem deiner Seele, denn es ist so überaus menschlich, dieses zu tun, bitten wir dich:

LIEBE auch die Stimme deines Egos, sie ist eine Facette des verängstigten Kindes in dir, das durch deine Liebe ewige Freiheit erlangen wird. Es entwickelte bestimmte Vorgehensweisen und Methoden lediglich aus einem Schmerz, aus einer Wunde, aus einer Angst heraus.

Das Ego ist der Botschafter
des verwundeten Teils
deines Selbst.

LIEBE es, verleihe ihm lediglich keine Macht über dich und deine Entscheidungen.

LIEBE es, während du ihm sanfte Worte zuflüsterst, während du ihm mitteilst, dass du weiterhin immer gut für euch sorgen wirst. Je mehr es dir gelingt, deine Ängste, deine „Schwächen", deine Momente des inneren Zweifels zu lieben, desto mehr wird es dir gelingen, die zarte Stimme hinter ihnen zu hören, dieser zu vertrauen, ihren Worten zu lauschen. Und während die ängstliche Stimme des Egos vielleicht weiterhin lauter, deutlich hörbarer flüstert, wird es dir gelingen, dem Ruf deiner Seele zu folgen.

Es ist nicht notwendig zu warten, bis die Stimme des Egos schweigt und die Quelle der Ängste erloschen ist.

LIEBE DEIN EGO!

Danke ihm, dass es so fürsorglich dein, euer Überleben sichern will, danke ihm, dass es zuverlässig seinen Dienst an dir verrichtet, dass es dich an den Ort, an dem du dich befindest, begleitet hat, schaue rechtzeitig an ihm vorbei und betrachte dort die geduldig wartende Essenz deiner Seele.

Die Geschichte der Reisenden

Ich, *SANANDA,* möchte dich einladen, mich auf eine kurze Reise zu begleiten, auf der ich zu dir plaudern werde und du auf der Bühne des Lebens betrachten kannst, wie unser Flüstern euch Menschen begleiten kann, eure bislang ungesehenen Gäste, unbewusste Ängste und Schatten zu bemerken, ihnen ins Gesicht zu lächeln und sie so in die Freiheit zu entlassen.

Eine der Seelen, die ich in Liebe überleuchte, hegte den innigliчsten Wunsch, den Berg des spirituellen Aufstiegs Seite an Seite mit einem liebenden Partner zu erklimmen. Jedoch schien das Schicksal ihr ob der Erfüllung ihres Wunsches nicht wohlgesonnen. Sie wartete, sie übte Geduld, sie betete, sie widmete sich dem spirituellen Dienst, um ihre Aufmerksamkeit nicht nur auf dieses eine, ihr so wichtige Lebensthema zu richten. Sie bemühte sich, vergangene Fehler auszugleichen, vergangenen Partnern zu verzeihen, ihre Ansprüche herunterzuschrauben ...

Sie besuchte spirituelle Lehrer, Therapeuten und Menschen, die verschiedenste Weisheitslehren erfolgreich praktizierten, jedoch, so sehr sie sich auch bemühte, so sehr sie auch reiner und tugendhafter wurde inmitten ihrer Bemühungen, ihr Wunsch wurde ihr nicht erfüllt. Sie glaubte bereits, es müsse sich um negatives Karma handeln, in einem vergangenen Leben müsse sie so sehr „gesündigt“ haben, dass Gott sie innerhalb dieser Inkarnation strafen würde. Also versuchte sie, sich in größtmöglicher Anmut ihrem vermeintlichen Schicksal hinzugeben.

Ihre Mitmenschen verstanden nicht, warum ihr Wunsch ihr verwehrt blieb. Sie betrachteten sie als attraktive, gebildete, intelligente, interessante, spirituelle und gutherzige Frau, als hilfsbereiten, nährenden Menschen. Es müsse ihr doch leichtfallen, einen möglichen Partner für sich zu interessieren, sagte man. Sie seufzte, versuchte ihr Schicksal in Würde zu tragen und weder die Hoffnung aufzugeben, noch in stetiger Anspannung der Erwartung zu sein.

Natürlich begegneten ihr Männer, natürlich bekundeten sie Interesse auf der einen oder anderen Ebene, wie es in euren heutigen modernen Zeiten freier ausgedrückt wird, als es noch in den Tagen unserer Inkarnationen Sitte war. Jedoch war ihr in den Tiefen ihres Herzens bewusst: Bei keinem dieser Anwärter handelte es sich um denjenigen, dem zu begegnen sie viele Male so inniglich gebeten hatte.

Als ihr Herz bereit war, sich in Weichheit zu öffnen, wurde sie behutsam darauf vorbereitet, unser Flüstern zu vernehmen, das ihr im Theater der Existenz, auf der Bühne des Lebens, etwas zeigen wollte. An jenem Morgen, als sie bereit war, ihr Herz weiter zu öffnen als zuvor, betrat sie während einer Reise den überfüllten Speisesaal des Hotels, in dem sie übernachtet hatte. Gerade an diesem Morgen wäre sie gerne allein gewesen, gerade an diesem Morgen hätte sie gerne niemanden gesehen, mit niemandem gesprochen, und gerade an diesem Morgen war sie von einer solchen Menschenmenge umgeben. Wäre sie nicht so hungrig gewesen, sie wäre auf dem Fuße umgedreht und hätte den Raum verlassen. Wäre neben dem hungrigen Gefühl nicht auch dieses Flüstern gewesen, dieses wortlose Flüstern, das sie liebevoll fragte, ob ihr Hang zur Isolation nicht übertrieben sei, und das sie heute bat, mit liebendem Herzen unter den Menschen zu verweilen.

Nachdem sie sich für einige Sekunden im bis auf den letzten Platz gefüllt wirkenden Restaurant umgesehen hatte, entdeckte sie schließlich einen einzigen freien Platz. Das junge Paar, das sich bereits an diesem Tisch niedergelassen hatte, nickte höflich und signalisierte lächelnd, sie sei willkommen, sich zu ihnen zu setzen, noch bevor sie es hatte fragen können. Also setzte sie sich. Ein bisschen war es ihr noch unangenehm, so beengt zu sitzen, denn sie wollte die Privatsphäre des Paares nicht stören. Nein, die Dame hatte nicht genickt, nur der Herr. Für eine Zehntelsekunde stellte sie sich die Frage, ob sie unwillkommen sei, nicht doch lieber wieder gehen solle, ob sie störe, und es durchzuckte sie ein Schreckmoment, in dem sie fürchtete, die Dame könne sie auf einer subtilen Ebene als Rivalin verstehen und ein angespanntes Frühstück, das alle Beteiligten möglichst schnell hinter sich bringen wollten, würde beginnen.

Doch dann sah sie: Auch wenn die Dame hätte nicken WOLLEN, sie hätte nicht nicken KÖNNEN. Sie wirkte beinahe gelähmt. Eine weitere Sekunde später bemerkte unsere Reisende, dass ER die Dame fütterte. Ihre Hände waren seitlich abgespreizt, die Finger wirkten verkrampft, sie schien sie nicht bewegen zu können.

Wie so vielen Menschen war es unserer Reisenden unaussprechlich unangenehm, einem solch intimen, jedoch schicksalhaftem Moment beizuwohnen. Instinktiv schoss ihr Blick durch den Raum, flehentlich eine neutralere Sitzgelegenheit suchend.

„Bleiben Sie sitzen“, sagte er und lächelte ihr dabei mit so viel Wärme ins Gesicht, ein Lächeln, das durch die Schicksalsschläge seines Lebens an Wärme gewonnen hatte, eine Wärme, die sie bisher nur bei Menschen empfunden hatte, deren Leben durch den einen oder anderen Hieb des Schicksals gezeichnet worden war. Ein Lächeln eines spirituellen Kriegers, der bereit war, für die Frau, die er liebte, alles zu geben. Ein Lächeln, das ohne Worte ausdrückte: Ich gebe nicht auf, ich bin bereit, zu kämpfen.“ Ein Lächeln, das sagte: Ich habe die Liebe gefunden, für diese Liebe ist kein Opfer zu groß, keine Prüfung zu bitter, keine Hürde zu groß, als dass ich nicht versuchen würde, sie zu überwinden.

Wie hypnotisiert blieb sie sitzen. Seine Geliebte lächelte sie an. Ihre Gesichtsmuskeln konnten nicht lächeln, jedoch floss aus den Augen ein Strahlen, ein Strahlen der Gewissheit, ein Strahlen, das kein Mund dieser Welt schöner hätte formen können. Warum lächelte sie?

Er begann das Gespräch. Er erklärte, ohne dass sie jemals zu fragen gewagt hätte, warum er seine Frau fütterte. Sie habe eine schwere Krankheit, eine Krankheit, von der unsere Reisende noch nie gehört hatte. Bei dieser Krankheit würden die Muskeln immer mehr einfrieren, bis man sich nicht mehr bewegen könnte, bis der Tod einen mit seinen frostigen Klauen umschließen würde. Ein Schauer durchzuckte die Reisende.

Der Mann erzählte weiter, sie seien auf dem Wege in eine Spezialklinik, wo seine Frau gerettet werden könnte.

Sie mit der Zärtlichkeit seines Blickes streichelnd, schob er ihr sanft den nächsten Löffel des Frühstücksmahls in den Mund, und während sich der Löffel langsam wieder der auf dem Tisch stehenden Schale näherte, fuhr er fort: „Wir haben drei kleine Kinder. Zwei, vier und sieben Jahre alt. Sie sind, bis wir aus der Klinik zurückkehren, bei den Großeltern.“ Nach einer Pause, den nächsten

Löffel sorgsam hebend, fuhr er fort: „Es geht nicht anders, sie muss geheilt werden.“

Betreten nickte die Reisende, ihr fehlte eine auch nur annähernd angemessen erscheinende Antwort. So inniglich wünschte sie sich, ermutigende Worte zu diesem Gespräch, dieser Situation beitragen zu können, während sie versuchte, ihre am Gaumen klebende Zunge zu lösen, sich zu räuspern und ihre Fassung zu wahren. Dabei schweifte ihr Blick zu seiner Geliebten, die geduldig Löffel um Löffel entgegennahm und langsam schluckte. Ohne dass die Reisende es bewusst darauf angelegt hätte, kreuzten sich für einige Sekunden, die wie eine Unendlichkeit wirkten, wieder ihre Blicke. „Ich weiß, ich bin dem Tod geweiht“, schien in diesem Gesicht geschrieben zu stehen. Jedoch war sie in vollkommener Hingabe. Sie hatte Liebe gefunden, sie war in Vertrauen eingebettet, ja, sie wird ihn vermissen, ja, ihre schwerste Prüfung wird es sein, die Kinder vor der Zeit zurückzulassen, die der Kreislauf des Lebens für viele vorgesehen hat.

In ihrem Blick war unverkennbare Gewissheit. Sie wusste, sie würde sterben. Geduldig wartete sie. Geduldig aß sie ihren Brei, ihrem Geliebten zuliebe. Damit er sie füttern konnte. Damit sich ihre Blicke mit jedem Löffel liebkosen konnten, so, wie sich damals ihre Körper liebkost hatten, damals, vor ihrer Krankheit, als sich ihr Schicksal noch nicht abzuzeichnen begonnen hatte.

Betreten löste sich die Reisende aus diesem Blickkontakt, der sie mit einer Realität konfrontierte, der sie sich nicht gewachsen fühlte; mit einer Größe, die einen Raum noch nie in dieser Intensität erfahrener Stille in ihr erschloss. Ihr Blick wurde wie von einer unsichtbaren Hand wieder zu ihrem Tischnachbarn geführt.

Ein Löffel, ein weiterer Löffel. Blicke, aus denen nie enden wollende Ströme der Liebe flossen, Liebesflüsse, in denen er seine Geliebte badete. Getragen war er von den unsichtbaren Schwingen der Hoffnung, die sich so um sein inneres Auge gelegt hatten, dass sein Blick verblendet war, den Engel des Todes ausblendend, der geduldig hinter der Geliebten wartete, um sie abzuholen, wann immer sie sich von der Liebe ihres Lebens verabschieden würde.

Sie sei die Liebe seines Lebens, plauderte der Mann weiter. In Venedig hätten sie dann geheiratet, schon damals beim Kennenlernen habe er gewusst, sie sei die Frau seines Lebens. Er wisse, sie würden miteinander alt werden, er sei bereit, alles zu tun, diese Krankheit zu bekämpfen. Keine Kosten und Mühen habe er gescheut; keine weiteren werde er scheuen; die heutige Medizin sei ja zum Glück bereits weit entwickelt.

Mit trockenem Mund nickte die Reisende, während die Geliebte abwechselnd den Mann ihres Lebens mit Blicken übergoss, als sei er soeben einem zauberhaften Märchenbuch entsprungen, um sich dann wieder der Präsenz des Engels des Todes zu widmen, um diesem ohne Worte mitzuteilen, sie sei jederzeit bereit, wann immer er sie holen wolle.

Sie bat ihn nicht, ihre Zeit zu verlängern, flehte nicht, sich der Kinder annehmen zu können, bis sie einige Jahre älter seien, ja, sie flehte nicht einmal, sich von ihnen verabschieden zu können; sie flehte nicht, sich noch ein letztes Mal von ihrem Geliebten berühren lassen zu können, wie damals, als noch niemand ahnte, was ihr bevorstehen würde. Sie war bereit. „Nicht mein Wille, dein Wille geschehe", stand in ihr bildschönes Gesicht geschrieben, das zu jung wirkte, um diese Welt zu verlassen, und in dem die Hoffnung der Vergangenheit den notwendigen Raum für die Akzeptanz der Gegenwart geschaffen hatte.

Wie hypnotisiert war unsere Reisende von der hautnahen Präsenz dieser Liebe, durch die sie ihr Leben berühren lassen durfte, von diesem Mann, der zu Fuß ans Ende der Welt gehen würde, um das Leben seiner Geliebten zu retten. Wie hypnotisiert von der Hingabe dieser Geliebten, ihrer Hingabe an das Leben und an den Tod, weil sie die Liebe gefunden und diese sie liebkost hatte, weil sie wusste, dass diese Liebe ihrer Existenz Unendlichkeit verleihen würde.

In einem rieselnden Schauer offenbarte sich der Reisenden, dass die Geliebte den Tod nicht als Niederlage erfuhr, sondern ihm in der Gelassenheit einer Frau, die alles, was sie gesucht hatte, gefunden hatte, ins Antlitz lächelte.

Nachdem sie alles gefunden hatte, war sie bereit, zu gehen. Nicht, dass sie eine Sehnsucht gehabt hätte zu gehen, gerne würde sie länger verweilen, aber so der Engel des Todes bereit war, sie zu holen, würde sie sich hingeben. Er war nicht ihr Feind, sondern ein willkommener Begleiter, durch dessen Präsenz jede Sekunde ihrer so bewusst erfahrenen Existenz, ihrer so bewusst gelebten Liebe nur noch kostbarer werden konnte.

Aus ihren Augen strahlten tiefer Frieden und innige Akzeptanz, Wissen um die Unendlichkeit. Sie hatte ihre Bestimmung gefunden.

Mit leicht zitternden Knien stand unsere Reisende auf und murmelte etwas davon, ihren Flug nicht verpassen zu wollen. Eine Seelenlandschaft offenbarte sich in ihr, die sie noch nie zuvor gesehen hatte. Tränen, deren Existenz sie nie vermutet hätte, eine neue oder lange begraben gewesene Weichheit in ihr, in der sie die Berührung anderer Augenpaare zu fürchten begann.

Sie habe ja gar nichts gegessen, rief der Mann ihr nach. Sie hörte ihn bereits nicht mehr, war zu sehr in ihrer eigenen Welt, in der Welt, in der unser Flüstern sie berühren würde.

„BETE“, sagte eine Stimme inmitten ihres Herzens.

„Bete für diesen Mann, der in Liebe wandelt, der von den Schwingen der Liebe getragen wird, bete, dass er von ungeahnten Kraftquellen durchströmt werden möge an dem Morgen, an dem er erwacht, um der größten Herausforderung seines gesamten Lebens ins Antlitz zu blicken. Bete für ihre Kinder, bete für ihre Seele, bete, bete, bete.“

Die Reisende taumelte in ihr Zimmer, warf sich auf ihr Bett, wurde von Schluchzen geschüttelt, ein Schluchzen, das ihr Herz weiter und weiter öffnete, ein Herz, das zuvor von alten Wunden verkrustet und verhärtet gewesen war, ein Herz, das, durch die kleinen Schicksalsschläge des Alltags verwundet, schon lange nicht mehr mit solcher Leidenschaft gepocht hatte und das sich nun erleichtert wieder zu öffnen begann. Tränen der Berührung flossen ihre Wangen entlang, während sie mit einem wortlosen Gebet verschmolz, in dem sich jedwede Trennung zwischen ihr, dem Mann, der Geliebten, den Kindern, der Göttlichen Quelle, dem Leben und dem Tod auflöste.

Sie wusste nicht, wie lange sie geweint hatte, sie wusste nicht, wie lange sie gebetet hatte, sie wusste nicht, ob sie ihren Flug versäumen würde oder bereits versäumt hatte, als sie die gleiche Stimme im Zentrum ihres Herzens vernahm, die sie angehalten hatte, zu beten.

„Weißt du nun, weshalb du in deinem Leben bisher der Liebe, der wahren Liebe, der wahrhaftigen Liebe ausgewichen bist?" „Ich habe sie gefürchtet."

SO DU BEREIT BIST, sowohl seinen, als auch ihren Sessel einzunehmen, so du bereit bist, sowohl in ihren, als auch in seinen Mokassins zu wandeln, so du bereit bist, dich von der Liebe sowohl krönen, als auch kreuzigen zu lassen, so du bereit bist, den süßen Saft der Liebe, als auch ihren bittersten Trunk deinen Gaumen benetzen zu lassen, so du bereit bist, dein Herz zerreißen zu lassen von der Vehemenz dieser Liebe, wenn sie dich auf diese Weise ergreifen will, so du bereit bist, alles dieser Liebe zu empfangen und zu geben, wird sie dich heimsuchen.

SO DU NICHT BEREIT BIST, frage nicht wieder nach ihr und schwimme an der Oberfläche, ohne die Schönheiten in den Tiefen des Meeres des Lebens und der Liebe jemals vernommen zu haben.

Auch an dieser Oberfläche können Elemente der Liebe dich im Vorbeiziehen umarmen, aber nie würdest du sie in ihrer wahrhaftigen Essenz kennenlernen, du würdest die Schale essen, doch die Frucht bliebe dir verborgen. Es wäre keine falsche Entscheidung, vielleicht wäre es die Entscheidung, einen leichteren Weg zu gehen, der ebenso seine Daseinsberechtigung hat.

Wäre es jedoch der Weg, den zu erfahren du wieder und wieder erbeten hast?

Seit langem fragst du, WARUM die Liebe nicht an deine Tür klopft, dich nicht abholt, dich nicht ergreift. Heute hast du den Tisch mit dem Spiegel dessen geteilt, was du unbewusst zu umgehen versucht hast. Dieses liebende Paar verrichtete den Dienst an dir, dich vom Duft der Früchte berühren zu lassen, die dir zu eigen werden könnten, wenn du bereit bist für die Waschung deiner Seele, die die Liebe für so manchen Liebenden vorgesehen hat.

Du hast der Liebe Zugang zum Haus deiner Seele verwehrt, weil du gefürchtet hast, unter dem möglichen Verlust zu zerbrechen, diesem nicht gewachsen zu sein. So hast du der Liebe die Tür gewiesen, noch bevor sie an diese hat pochen können.

Entscheide dich.

Bist du dem Moment gewachsen, in dem du bereit bist, diese Liebe dem Engel des Todes zu Füßen zu legen, auch wenn dies dein Herz zum Bluten bringt? Sei es durch den physischen Tod oder aufgrund eines unergründlichen Plans des Lebens, eure zusammengeführten Wege überraschend zu entzweien? Erst wenn du dich bereit fühlst, erst wenn du weißt, dass du auch diesem Schmerz gewachsen wärst, ist die Liebe willens, an dein Tor zu klopfen.

Es ist DEINE Entscheidung. Die Angst vor dem Tod, die Angst vor dem Verlust, die Anhaftung an die Illusion haben deine Einsamkeit hinaufbeschworen. Sie waren die kleinen nächtlichen Gespenster, die deine Knöchel ergriffen, um dich am Emporstieg in die Liebe zu hindern. Und wisse, immer handelte es sich um dir innewohnende Schatten, keine äußere Macht hat die Liebe jemals ferngehalten, fern vom Haus deiner Seele."

Stille umarmte sie.
Stille kehrte ein.

Inmitten unendlicher Zeitlosigkeit stand sie auf, schritt Richtung Frühstückssaal des Hotels, wollte sich zu diesem ihr Herz so sehr berührenden Liebespaar setzen, frühstücken, ihnen nahe sein, ohne viele Worte. Tiefe Dankbarkeit hatte den Platz der Angst eingenommen. Sie wollte ihnen ihre Kontaktdaten geben, falls in Zukunft ihre Hilfe benötigt würde. Sie wollte ihnen sagen, wie sehr sie sie beide bewundert, wie sehr dieses Frühstück ihr Herz und ihr Leben berührt und für immer verändert hatte.

Ohne Worte, Auge in Auge, wollte sie ihr zuflüstern: „Danke. Danke, ich habe verstanden. Danke, du hast mein Leben gerettet. Nein, ich wäre nicht gestorben, wenn ich dir nicht begegnet wäre, ich hätte mein Leben gelebt, aber nicht mein ganzes Leben, ich hätte meine Tränen geweint, aber nie alle meine Tränen. Danke, dass du mich durch dein Sein gelehrt hast, dass in dem Moment, in dem ich dem Engel des Todes ins Antlitz zu blicken wage, in dem Moment, in dem ich bereit bin, alles zu verlieren, ich erst wirklich beginne zu leben. Danke, ich habe es verstanden: Der Tod ist keine Niederlage.

DANKE, dass ich, weil du bereit warst, mein Herz zu berühren, mich selbst davor bewahren konnte, nicht einzuatmen, weil ich das Ausatmen gefürchtet hätte; nicht einzuschlafen, weil ich das Erwachen gefürchtet hätte; mich nicht selbst zu gebären, weil ich die Stunde des Todes gefürchtet hätte.

DANKE, dass dadurch, dass ich mich von deinem Schicksal berühren ließ, sich mein Schicksal für immer verändert.

DANKE, dass ich für dich beten durfte."

Der Frühstückssaal war leer, so, wie sie ihn sich noch vor kurzem gewünscht hatte. Die Hotelgäste waren ausgeflogen. Nun konnte sie in aller Ruhe frühstücken, wie sie es gewollt hatte.

Jedoch saß nicht mehr die gleiche Frau am Tisch, die sie noch heute morgen war. Sie war nicht traurig, dass sie sich nicht von dem Liebespaar hatte verabschieden können. Sie wusste: Gott hatte einen anderen Plan.

Eine Frau saß am Tisch und frühstückte. Allein. Eine Frau, die sich häufig einsam gefühlt hatte. Sie war nicht allein. Sie war nicht einsam.

Heute hat sie das Flüstern gehört.
Ein Flüstern, das sie viele Male begleiten würde.

Heute, ein Jahr später, sitzt sie wieder an einem Frühstückstisch. Nicht mehr allein. Nicht mehr einsam. An der Seite eines liebenden Mannes, den sie schon wenige Monate nach ihrer Reise kennenlernte. Sie ist gesund. Er ist gesund. Vielleicht haben sie ein langes gemeinsames Leben vor sich. Vielleicht hat das Leben andere Pläne. Auf diese Frage sucht sie keine Antwort. Sie weiß, wenn der Engel des Todes lächelt, ist sie bereit, loszulassen. Sie hat sich entschieden.

Sie weiß, sie ist ihm gewachsen.

Sie hat ihre größte Angst besiegt. Den Schatten der Verlustangst, der Todesangst, der Existenzangst, der Angst, ausgelöscht zu werden, auslöschbar zu sein. Nun ist sie frei. Frei, zu leben und zu lieben. Früher hatte sie Angst, etwas zu verlieren, das sie in Wahrheit nie besessen hatte.

Ich bin SANANDA, und ich bitte dich,
für einen Moment in Stille innezuhalten.

Ich bitte dich, innezuhalten und wahrzunehmen, ob es auch in deinem Leben noch einen Schatten gibt, der deinen Knöchel ergriffen hat und dich daran zu hindern versucht, das zu leben, was zu erfahren du hierhergekommen bist.

☆☆☆

Wie will die Bühne des Lebens deine Aufmerksamkeit in Richtung dieses Schattens lenken?

Wenn wir dürfen, werden wir dich in den nächsten Tagen an die Hand nehmen und liebevoll deinen Blick in diese deine persönliche Schattenerlösung lenken. Niemand wird dabei zu Schaden kommen.

Vielleicht fragst du dich oder uns, warum wir die Geliebte und alle Geliebten dieser Welt, die vor ihrer Zeit zu gehen scheinen, nicht am Leben erhalten haben?

IHRE Seele hatte uns nicht darum gebeten.
IHRE Seele hatte genau dies erfahren wollen.
IHR Geliebter hatte genau dies erfahren wollen.

IHRE Kinder hatten genau dies erfahren wollen.

Auch wenn sich ihr bewusstes irdisches Selbst nicht daran erinnerte, auch wenn ihr bewusstes irdisches Selbst unendlich gern genesen wäre, um das Heranwachsen ihrer Kinder begleiten zu dürfen, um für sie da sein, um ihnen dienen zu dürfen, um es genießen zu dürfen. Auf bewusster Entscheidungsebene hatte sie sie nicht verlassen wollen!

Jedoch hatte ihre Seele einen anderen Plan.

Ihre Seele wusste um die Größe ihrer Kinder, um ihr stilles Einverständnis.

Die Trennung ist eine Illusion.

Sie werden wieder vereint sein. Auch im Angesicht der Illusion des Schmerzes war es uns verwehrt, gegen ihren Seelenwillen einzugreifen.

Auch die Reisende hätte nichts tun können, es nicht abwenden können. Sie war zu ihnen geführt worden, nicht um sie zu retten, sondern damit sich die Kruste ihres Herzens lösen durfte und sie in ihre Berührung geführt wurde.

Keinem Menschen auf Erden ist es verwehrt, den Drachen des Schattens zu erlegen, um die schlafende Prinzessin aus dem Turm zu befreien, damit sie zum Hohen Selbst erwachen kann.

JEDEM MENSCHEN ist es frei überlassen, ob er sich sträubt, strampelt, um sich schlägt und Scherben hinterlässt, oder ob er in die anmutige Hingabe hineinfließt, die eigene höchste Bestimmung zu umarmen.

Im Licht

Ich, *SANANDA,* möchte euch sagen: In meinen Einweihungen auf meinem Weg auf der Erde kreuzte auch ich Weggabelungen, an denen ich die Leiter ein Stück weit hätte herunterfallen können. Vielleicht hätte ich nicht gleich bis auf den Boden fallen können, aber 10 Sprossen, 100 Sprossen, 1000 Sprossen. Ich möchte euch sagen: Je höher ich aufstieg, desto verführerischer war manchmal der Sog, desto herausfordernder waren manchmal die Illusionen.

Somit war auch ich ein Reisender auf der Bühne des Lebens, dem es freigestellt war, ob er in den Spiegel blicken wollte oder es vorzog, den Schatten länger, scheinbar unbemerkt schlummern zu lassen.

Darf mein Flüstern dich berühren, wenn ich dich frage: Mit wem teilt die Reisende in dir den Tisch? Wer schaut dich an, wenn du in den Spiegel blickst? Dich peinigt vielleicht nicht die Angst vor der Liebe und ihrem Verlust – vielleicht schlummert in dir ein stiller sehnsüchtiger Seufzer, eine Sehnsucht danach, endlich einmal „genug" zu haben, Fülle, Sicherheit, ein Polster, das dich ruhig schlafen lässt. Oder eine unbändige Sehnsucht nach Abenteuer, und viele Male schon fragtest du dich: Was ist es, das mich den Fängen des Alltags nicht entrinnen lässt? Den Mauern der Sicherheit meines Gefängnisses? Ist es eine Sehnsucht nach Erfolg? Jedoch erscheint dieser Horizont unerreichbar.

Dürfen wir dich bei Gelegenheit an deinen ureigensten Frühstückstisch führen?

BIST DU BEREIT, deinem Spiegel ins Antlitz zu blicken? Auch dann, wenn das, was du siehst, vorübergehend schmerzen könnte? Auch dann, wenn es einmal nicht schön sein sollte?

BIST DU BEREIT, unser Flüstern zu vernehmen? Ein Flüstern, das die Worte deiner Seele begleitet?

BIST DU BEREIT, entlang dieses Flüsterns deinen ungelebten Traum zu umarmen?

Geliebter Freund, geliebte Freundin, ich bin *SANANDA,* und ich befinde mich an deiner Seite!

Ich lade dich ein, deinen Schatten zu betrachten,

dir deines Schattens bewusst zu sein, sodass dieser keine Macht über dich hat. Jedoch lade ich dich ein, diesem Schatten keine Energie zu geben, dich nicht mit dem Schatten zu identifizieren, sondern gerade weil du dich mit ihm beschäftigst, dir dieses Schattens bewusst bist, dein Licht sein zu können.

Denn nachdem der Schatten betrachtet und vom kraftvollen Lichtstrahl deines Bewusstseins beleuchtet wurde, ist er zu einem Freund an deiner Seite geworden, hat er sich in seiner Grundstruktur gewandelt. JA! Verdränge ihn nicht, er würde dich überholen und dir auf deinem Bettrand sitzend zuzwinkern, noch bevor du am Morgen die Augen aufgeschlagen hättest. Erkenne den Schatten, sein verführerisches Flüstern, und dann

SEI DAS LICHT!

Plaudere mit diesem Schatten, auch er will geliebt werden, und dann

SEI DAS LICHT!

Dein Bruder, deine Schwester, der Bettler am Straßenrand, ein „Fremder", der deine Wege kreuzt, ein weinendes Kind, dein Seelengefährte – sie alle bitten dich lediglich:

SEI DAS LICHT!

Verkörpere das Licht.

Umgib dich mit einer Lichtsäule, strahle dieses Licht aus und gib dir damit Hoffnung. Auch wenn du einmal ratlos bist, den Weg nicht kennst, keine Antwort, keine Lösung erblickst, wenn der Kopf noch nicht versteht, wohin das Herz dich einmal führen möchte – atme dieses Licht, lass dein Bewusstsein von ihm durchströmen und dein Handeln ein Spiegel dessen sein.

Erinnere dich an den göttlichen Funken, der jedem innewohnt und bis in die Unendlichkeit dehnbar ist, erinnere dich, besonders in Momenten, in denen die Illusion der Verzweiflung dir das Kreuz zu brechen scheint.

SEI DAS LICHT!

flüstern die Tränen deiner Freundin, die sich weinend in deine Arme kuschelt. „Erinnere dich an mein Licht, besonders in Momenten, in denen ich mich als so gefordert empfinde, dass ich vergesse, welche göttliche Größe mir in Wahrhaftigkeit innewohnt."

„Durch dein Erinnern, werde ich selbst es nicht vergessen", flüstert der Wutausbruch deines Ehemanns, deines Chefs, deines Nachbarn, für den du in der ersten Sekunde beinahe kein Verständnis aufgebracht hättest.

Das Licht zu halten, es zu erinnern, zu verkörpern, die große Flamme zu sein, die dir innewohnt, ist das einzig Notwendige. Die Antworten, die Lösung – durchaus weißt du sie oft, und falls du sie einmal nicht findest, zeigt deine Demut deine wahrhaftige Größe, die Demut, dich an das Göttliche zu wenden, die Demut der Bereitschaft, Hilfe zu empfangen.

Zu beten, ist Größe.
Gott um Hilfe zu bitten, ist Größe.

Auch einmal deinen Bruder, deine Schwester um Hilfe zu bitten, kann Größe sein. Dies bezeichnen wir als Demut. Das Erinnern, dass das große Feuer, das dich durchströmt, dein Sein zum Lodern bringt, während deine Illusionen verbrannt werden: Werft die Illusionen in das göttliche Feuer!

Ich bin *SANANDA*. Ich erinnere mich daran, wer du bist.

Möchtest du dich neben mich setzen und dich für einige Sekunden einmal durch meine Augen blickend betrachten? Wenn dir der Mensch, den du dann siehst, gefällt, warum schaust du ihn nicht ab jetzt öfter durch diesen Blickwinkel an?

Durch diesen betrachtet siehst du dich als das Licht, das du bist, und es ist dir möglich, dieses Licht zu verkörpern und es der Welt zu schenken. So viele Facetten des Lichts schlummern in euerm Innersten. Eine dieser Facetten ist die des Dienstes, des spirituellen Dienstes, des Dienstes am Nächsten und somit des Dienstes am Göttlichen und an euch selbst durch euren Nächsten.

Innerhalb dieses Dienstes existieren verschiedene Facetten des Lichts, und es kann euer Licht trüben, wenn ihr eure Mitte verlasst, sollte euch das Leid eures Nächsten bestürzen.

Innerhalb all eurer Fürsorge und Liebe belasten euch manches Mal vielleicht die Sorgen, Schicksalsschläge, Schmerzen und Belastungen eurer Lieben um ein Tausendfaches mehr als eure eigenen Lasten, die ihr teilweise tragt.

Viele von euch würden in ihrer bedingungslosen Nächstenliebe und Hingabe nur zu gerne ihrem Bruder, ihrer Schwester den Schmerz von den Schultern laden, um diesen in Demut selbst zu tragen, jedoch erkennen sie in der Tiefe ihres Mitgefühls, dass es nicht möglich ist. So, wie es ihnen verwehrt ist, die Schwingen eines Adlers zu beschneiden, dessen Berufung daraus besteht, in den Höhen der Lüfte zu kreisen.

WIR DANKEN EUCH

für eure durchwachten Nächte, für die in Liebe geschenkten Stunden und für all euren Dienst am Nächsten, denn UNS spüren die Menschen in der Not ihrer Verzweiflung noch nicht immer so deutlich wie EUCH – eure greifbaren Hände, eure nicht anzuzweifelnde Präsenz. Und so unterstützt ihr unseren Dienst, und gemeinsam wachen wir am Krankenbett oder im Angesicht emotionaler Transformation.

WIR DANKEN EUCH

FÜR eure Selbstlosigkeit,
FÜR eure Freiheit von Anhaftung,
FÜR euer Buddhasein,
FÜR euer inneres Lächeln,
FÜR euer Vertrauen,
FÜR euren Dienst,
FÜR eure Nachsicht eurem Nächsten gegenüber,
FÜR euer Durchhaltevermögen,
FÜR euer Gottvertrauen,
FÜR euer Teilen eurer Weisheit in Liebe.

Dafür, dass ihr, auch wenn ihr stolpertet, wieder aufgestanden seid.

WIR DANKEN EUCH für eure Achtung gegenüber eurem Bruder, eurer Schwester.

WIR DANKEN EUCH für das Licht, das, durch eure Herzen fließend, in der Welt verbreitet wird.

Jede Zeitqualität eines bestimmten Zyklus verlangt euch bestimmte Qualitäten ab, öffnet euch bestimmte Türen, offenbart euch bestimmte Möglichkeiten. Während des spirituellen Aufstiegs gibt es zu bestimmten Zeitphasen bestimmte Nadelöhre, und wem es gelingt, sich durch eines dieser zu bewegen, ist es gelungen, eine wichtige Initiation auf dem Weg der Erkenntnis der atemberaubenden Facetten des Göttlichen und der eigenen dauerhaften Erlösung aus dem Tanz der Zyklen der Illusionen zu durchschreiten.

Ein zyklisch in eurem Menschenleben wiederkehrendes Nadelöhr, geliebte Freunde, ist aus unserer Sicht Folgendes: den eigenen Herausforderungen ohne des geringsten Ansatzes der Verdrängung ins Antlitz zu blicken, die Illusion einer jeden Herausforderung von der Bühne zu lächeln, indem ihr wie ein Adler eure Kreise in den Sphären des höheren Bewusstseins zieht, um euren innersten Tempel zu finden, euer inneres Zentrum höchster Weisheit.

In diesem verankert, möge es euch zyklenweise immer wieder gelingen, für den jeweils notwendigen Zeitraum eure eigenen Schmerzen, seien sie seelischer, emotionaler oder gar physischer Natur, vorübergehend in den Schoß der höchsten Quelle zu legen, sie einer höheren Kraft anzuvertrauen, damit sie erlöst werden mögen, um dadurch ein Vehikel des höchstmöglichen Dienstes am Nächsten sein zu können.

Lasst die Schwingung des Dienstes euch durchfluten, wie eine Oboe es erfährt, die von der Süße einer Liebeserklärung an die Existenz durchströmt wird, stellt euch zur Verfügung, in vollkommener Erwartungslosigkeit ein Instrument der göttlichen Liebe zu verkörpern, lasst euch ein auf diese Ergriffenheit, in der eigene Sorgen verwehen wie Löwenzahnsamen im Spätsommerwind.

Gestattet es eurem Höchsten, mit der Essenz des

„Nicht mein Wille, dein Wille geschehe“

zu verschmelzen, und erlaubt es euch, neue Höhen der Selbstfindung zu erfahren, indem ihr euch für Momente im Dienst am Nächsten zu verlieren wagt. Verschmelzt mit dem Göttlichen und erfahrt die Größe des demütigen Dienstes in vollkommener Absichtslosigkeit:

„Nicht mein Wille, dein Wille geschehe.“

Erinnert euer Urvertrauen an die Göttliche Quelle, die euren Schützling wiegt wie eine Mutter ihren Säugling in seinen ersten zaghaften Atemzügen. Schenkt eure Präsenz, eure Gebete, eure liebesdurchfluteten Hände, Herzen und Augen eurem Nächsten in dem Bewusstsein des:

„Nicht mein Wille, dein Wille geschehe.“

☆☆☆

Ich bin *SAINT GERMAIN,* und es ist mein Anliegen, *SANANDA* und seine Worte zu begleiten und auf meine Weise über das Wandeln im Licht zu sprechen.

Während ich dieses Medium überleuchte, das diese Zeilen schreibt, während ich dich überleuchte, die/der du diese Zeilen liest, überleuchte ich auch Johnny. Vielleicht kennst du Johnny nicht, vielleicht bist du ihm noch nie begegnet. Mit seiner alten Gitarre, deren hölzerner Körper bereits sehr abgegriffen wirkt, so, als hätten mehrere Generationen von Musikern diesen berührt, deren G-Saite sich gelegentlich löst, sodass sie vorsichtig wieder befestigt werden muss, sitzt er, tief versunken in sich und seine Welt, und musiziert.

Seine Jeans mancherorts bereits recht dünn, seine Lederjacke ungeeignet für diese Jahreszeit…

Für ein eilig vorbeischreitendes Publikum spielt er seinen eigens komponierten Song, singt er seinen selbst geschriebenen Text. Sein Lied über die Menschen, die derzeit sein Leben berühren und die sich derzeit für sein Leben interessieren. Der Titel lautet: „There is me, myself and I.“

Es ist nicht das erste Mal, dass er dieses Lied singt, es ist auch nicht das erste Mal, dass sich keiner der Vorbeieilenden von diesem berühren lässt, vielleicht singt er dieses Lied gerade jetzt wieder, während du diese Zeilen liest. Vielleicht möchtest du ihm energetisch zuzwinkern oder dich von ihm energetisch berühren lassen. Vielleicht möchtest du dich zu den drei „Freunden“, die es in seinem Leben bisher gegeben hat, dazugesellen und diesen „Dreien“ „me, myself and I“ für einige bewusst verbrachte Sekunden Gesellschaft leisten.

Johnny ist hochgewachsen und wirkt in seiner dunklen Lederjacke und all seinen Tätowierungen auf viele bedrohlich. Dunkle Haare, dunkle Augen, auf viele defensiv wirkend. In seinem Leben hat er niemals auch nur einer Fliege etwas zuleide getan und viel Zeit allein verbracht. Nicht immer war dieser Alleingang eine bewusste Entscheidung.

Weitere Menschen hasten vorbei, manche gehen ein bisschen schneller als sonst, ziehen die Schultern hoch und schauen betont in eine andere Richtung. Johnny singt.

„There is me, myself and I“.

Er beachtet nicht länger, ob er bemerkt wird oder nicht. Er schließt die Augen, gibt sich den Klängen seiner Gitarre hin, und auf den Schwingen seiner Stimme reist er gen Horizont ...

„There is me, myself and I",

wo sich vielleicht die Seele befindet, nach der er sich in seinen stillen Stunden manchmal sehnt.

Ich bin *SAINT GERMAIN,* und dies ist meine Liebeserklärung an Johnny und an die Johnnys dieser Welt. In Tränen der Rührung überleuchte ich ihn, während er seinen Teil des göttlichen Plans erfüllt, während er dem Sprachrohr für das Göttliche, das er ist, Ausdruck verleiht.

☆☆☆

Ich bin *SAINT GERMAIN,* und wie ihr wisst: Ich liebe die Menschen. Ich liebte sie immer, in all meinen Inkarnationen, ohne Ausnahme. Ich liebte sie besonders. Liebte sie außerordentlich. Häufig war ich dort zu finden, wo sich diejenigen trafen, die einige Menschen als das „einfache Volk" bezeichneten.

DORT fand ich Gott.
DORT fand ich Inspiration.
DORT erinnerte ich immer wieder aufs Neue den Sinn meines Lebens.
DORT blühte ich auf.
DORT hatte man Zeit für die Mysterien, über die ich zu be-

richten hatte. Ich umarmte, ich ermutigte, ich versprühte meine Liebe. Ich genoss, ich war dankbar, ich war glücklich.

Nicht eine Sekunde in meinem Leben hätte ich die Zeit gefunden, etwas in meinem Leben zu bemängeln. Manchmal habt ihr mich gefragt, ob ich jetzt etwas am Mensch-Sein vermissen würde. Das „Vermissen" kenne ich nicht, denn ich genieße, ich bin dankbar, ich bin glücklich. Gäbe es noch die Sehnsucht in mir, so wäre es nun meine Sehnsucht, Johnny zu umarmen, ihm zu versichern, dass es in seinem Leben mehr gibt als „Me, myself and I".

Er sieht mich nicht, er hört mich nicht, er spürt mich nicht. Er fühlt sich allein, allein mit sich selbst, allein mit seiner Sehnsucht.

Manchmal hast du mich gefragt, ob es etwas gibt, das du für mich, für die Geistige Welt tun kannst. Du bist frei.

Niemals würden wir etwas von dir fordern.

Aber wenn du möchtest, kannst du Johnny umarmen, ihn umarmen und ihm ohne Worte einflüstern, dass er nicht allein ist. Ihn auf deine Weise umarmen. Den Johnny, der vielleicht jetzt gerade dein Leben berührt.

Vielleicht spielt er auf keiner Gitarre, vielleicht trägt er einen teuren Anzug, polierte Schuhe, vielleicht singt er auf seine Weise „It is me, myself and I", ohne Worte, ohne Musik, vielleicht mit einem hilflosen, resignierten Schweigen.

Wenn du mir, *SAINT GERMAIN,* eine kleine Freude machen möchtest, bitte ich dich, Johnny für mich zu umarmen.

Ich bin *SANANDA,* und nachdem *SAINT GERMAIN* euch von unserem geliebten Freund Johnny berichtet hat, möchte ich nun von unserer ebenso geliebten Freundin Conny sprechen.

Und vielleicht, geliebte Conny, darf ich dir über diese Zeilen oder über eine von Tausenden anderer Möglichkeiten und Wege direkt ins Zentrum deines geliebten, so weichen, so mitfühlenden Herzens lächeln und eine Botschaft speziell für dich in die Mitte dieses Herzens flüstern.

Vielleicht ist dein Name nicht Conny, und meine Botschaft ist dennoch eine Botschaft genau für dich!

Während Johnny Gitarre spielt,
während Johnny singt,
während Johnny die G-Saite seiner Gitarre repariert,
sitzt Conny in ihrem Büro. Immer schon war sie eine fleißige Seele, eine dienende Seele, eine anmutige Seele, eine unbeschreiblich herzensberührende Seele.

Ihr Mitgefühl erstreckt sich bis ins Jenseits des Horizonts.

Sie ist Lebensberaterin, und das mit ihrem ganzen Herzen. Sie macht Überstunden, gibt Ermäßigungen, und wenn keiner hinsieht, weint sie für die verzweifeltsten ihrer Klientinnen leise Tränen. Sie gibt, sie dient, sie lauscht oft hoffnungslosen, resignierten Worten, sie glaubt an sie, sieht ihr Licht, ihre Größe, ihr Potenzial.

Sie gibt nicht auf. Niemals würde sie aufgeben!

Das schwört sie sich, auch an den Morgenden, an denen sie

sich am liebsten von der Müdigkeit tiefer in ihre Matratze drücken ließe. Sie ist eine solch große Seele, dass die Menschen ihr alles anvertrauen, oft ihr Geheimstes, was sie zuvor noch niemandem zu erzählen wagten.

Tagein, tagaus hört sie sie: die Sorgen der Menschen, ihren Kummer, ihre Verluste, ihre Albträume, Schocks, Traumen, nie in Erfüllung gegangene, ein Leben lang gehegte Wünsche, zerbrochene Herzen, Bitterkeit, Verlorenheit ...

Die Menschen tauchen ein in den unergründeten Teil ihrer Seele, dankbar, endlich einem Menschen begegnet zu sein, der in der Größe wandelt, sogar im Angesicht des beinahe Unaussprechlichen die Schwingung bedingungsloser Nächstenliebe aufrechtzuerhalten.

Ich bin *SANANDA*. Ich überleuchte Conny.

Es ist mein inniglicher Herzenswunsch, Connys Last von ihren Schultern zu nehmen, ihr Leben zu erleichtern, Botschaften ins Zentrum ihres so liebenden Herzens zu flüstern.

„Conny, du bist nicht allein. In all den Stunden, in denen du die Liebe deines Herzens schenktest, Tränen trocknetest, so manches Leben derer rettetest, die schon hatten gehen wollen, in all den Stunden, in denen du durch deine Liebe manchem mehr gabst, als dieser je zuvor empfangen hatte, in all diesen Stunden saß ich an deiner Seite, wandelte den Weg des Herzens mit dir, weilte ich unter euch.“

Sie ist eine große Seele. Spirituell. Hoch entwickelt.

Inniglichst berührend.

Doch Conny hört mich nicht. Sie sieht mich nicht.

Sie spürt mich nicht.

Doch! In manchen Momenten, in manchen Momenten – kann sie mich wahrnehmen.

Nicht mir zuliebe wünschte ich, von ihr bemerkt zu werden, sondern lediglich, weil ich ein Geschenk für sie in ihr Herz flüstern möchte.

Doch dann verwirft sie es, dieses Gefühl, da könnte jemand sein, beinahe ärgerlich. „Das kann doch nicht sein. So etwas gibt es nicht."

Würde ich mich vor ihren Augen manifestieren, zu Fleisch und Blut werden, sie würde mich beschimpfen!

WARUM lässt du das zu? Das Leid der Menschen!
WARUM tust du nichts?
WARUM tust du das Falsche?

Aufgrund des Leids der Menschen hat sie den Glauben nicht verloren, aber vorübergehend beiseite gelegt, dass es mich gibt, dass ich sie überleuchte, dass es Botschaften gibt, die ich ihr gerne ins Herz flüstern würde, so sie bereit wäre, diesen zu lauschen.

Manche von euch glauben an mich, und manche wissen um mich.

Gerne würde ich dich bitten, für Conny zu beten, dass sie meine Stimme hören möge. So lange sie mich nicht hören möchte, bitte ich dich: Bedanke dich bei ihr für all den Dienst, den sie tut, für ihre Selbstlosigkeit, ihre Hingabe, ihre Größe, ihre Demut.

Auch in deinem Leben gibt es vielleicht die eine oder andere Conny. Vielleicht arbeitet sie nicht als Lebensberaterin, sondern geht einer Tätigkeit nach, die ihr sinnentleert erscheint, vielleicht ist es ihr innigster Wunsch, niemals wieder ihr Büro aufsuchen zu müssen.

Vielleicht ist sie in ihren kargen Freizeitstunden die Trösterin aller: der Kolleginnen und Kollegen, ihrer depressiven Mutter, ihres alkoholkranken Vaters, des kleinen Freundeskreises, den sie kennt.

Vielleicht ist sie diejenige, die von allen Bettlern angesprochen wird und sich auf keine Parkbank setzen kann, ohne dass sich gleich jemand zu ihr gesellen möchte, um über einen möglichen Weltuntergang oder eine andere Hoffnungslosigkeit zu philosophieren.

Vielleicht kennt sie niemanden außer den Kolleginnen im Büro, die alles daran setzen, ihre mögliche Beförderung zu verhindern und deren Tuscheln sie der Einfachheit halber zu überhören vorgibt.

Es ist jedoch nicht notwendig, dass du weißt, was Conny tut oder nicht. Es ist nicht wirklich notwendig, dass du den Ursprung ihres Schmerzes kennst.

Das einzig Notwendige ist dein liebendes Herz!

Es ist mein Wunsch, sie durch dich zu umarmen.

Danke! Danke! Danke!

Ich bin *SANANDA,* und während du Johnnys und Connys Geschichte liest, während Johnny singt oder mit aller hingebungsvollen Detailgenauigkeit die G-Saite seiner Gitarre repariert, während Conny Worten lauscht und Tränen trocknet, überleuchte ich vielleicht auch die Reisenden, die Suchenden, die Wandelnden dieser Welt.

Eine Frau geht die Straße entlang. Zielstrebig, weil sie glaubt, nicht viel Zeit zu haben, wieder einmal ein wenig verspätet zu sein.

Auf dem schmalen Gehsteig nähert sich ihr langsam ein Mann. Während ihres Entlanghastens erkennt sie ihn, ihren Bekannten, mit dem sie schon so manches Mal plauderte. Sie hat jetzt keine Zeit, denkt sie, während ihre Gesichtszüge schon kaum merklich weicher werden, sich ihre Schritte verlangsamen, der Blickkontakt zwischen den beiden sich einstellt und auf ihrer beider Lippen ein verbundenes Lächeln entsteht.

Ich, *SANANDA*, darf mein Werk durch sie beginnen, darf mein Flüstern durch die gegenwärtige Präsenz ihrer Augen und ihres Herzens über diesen Mann ergießen.

Ihre Augen lächeln seine Augen an, meine Augen lächeln durch ihre in seine. Sein ernster, leicht verschleierter Blick schwindet, der Funken eines Leuchtens kehrt in seine Augen zurück.

Sie schaut ihn an. Bleibt stehen. Ihre Eile und ihre Verspätung sind dem Moment entschwunden.

Er erwidert ihren Blick, seine Haut ein bisschen grauer als sonst, die Höhlen unter seinen Augen ein wenig merkbarer. Sie ist präsent, jedoch vollkommen gedankenlos; betrachtet ihn ohne jeglichen Impuls, während ich, *SANANDA*, über die Brücke ihres Blickkontakts nun beginnen kann, Gottes Werkzeug sein zu dürfen – Mosaikstein der Erhörung der Gebete dieses Mannes sein zu dürfen.

Ich überleuchte sie nun beide. Über ihren Blickkontakt konnte ich ihn auf sanfte Weise berühren.

Gestern Abend erst habe ich bei ihm gesessen, als er betete, als er weinte, als er seiner Verzweiflung in der Stille seiner Einsamkeit Ausdruck verlieh. Ich war neben ihm und habe geflüstert, jedoch war der Zeitpunkt noch nicht reif. Er hat es noch nicht vernommen, das Flüstern. Nun ist es soweit: Über die Brücke eines Menschen, der das Flüstern schon viele Male hörte, kann ich ihn berühren, ohne dass das Ungewohnte dieses Kontakts ihn vielleicht erschrecken würde.

Während er von der wohligen Energie dieses Kontakts durchströmt wird, fragt sie ihn – nicht in der so häufig gehörten Floskel, nicht um das Schweigen zu brechen, sondern mit ganzer Wahrhaftigkeit ihres Interesses und in völliger Präsenz: „Wie geht es dir?"

Etwas durchzuckt ihn fast unmerklich. Sein wohliges Gefühl scheint durch diese Frage, durch diese Rückkehr in seine vorherige Realität unterbrochen, er schluckt, weicht für eine Zehntelsekunde ihrem Blick aus, während ihre Augen weicher werden, meine Überleuchtung sie noch stärker durchflutet als zuvor, und als meine Augen durch ihre strahlen, beginnt er zu sprechen:

„Meine Freundin ... hat ... war ... hatte eine Untersuchung und ... hat ..." Mit vagen Bewegungen gestikuliert er verzweifelt, während seine Augen feucht werden. Er senkt den Blick, verlangsamt, pausiert, räuspert sich, schweigt für eine weitere Millisekunde, die ihm selbst wie eine Ewigkeit vorkommt, und berichtet schließlich, fast erleichtert, es nicht länger unausgesprochen alleine tragen zu müssen, von der vor kurzem erhaltenen Krankheitsdiagnose seiner Partnerin.

Ich schaue ihn durch ihre Augen an, meine Liebe strömt durch die Menschenliebe ihres Herzens in ihn ein, ich nicke mit ihrem Kopf, und wortlos bitten wir ihn, weiterzusprechen. Sie seien nun gemeinsam dabei, den bestmöglichen Genesungsweg zu erschließen.

Ich flüstere durch sie zu ihm, an welchem Ort der Heilung seine Freundin zusätzliche Unterstützung empfangen könnte. In ihrer Vertiefung ist der Gedanke nicht existent, woher ihr diese Information zugeflossen sein könnte, warum sie bei all den Informationen, die sich im Laufe ihres Lebens angesammelt haben, nun gerade diesen einen Wortfluss zu sagen gewählt hat.

Aufmerksamst lauscht er jedem Detail, sein Gesicht erhellt sich, hinter der Nebelwand in seinen Augen geht die Sonne auf, bis eine erneute Hoffnungslosigkeit sich in seinem Gesicht ausbreitet, ein neuerlicher Schatten dieses durchquert. „Ich glaube nicht, dass sie es sich leisten kann", sagt er langsam mit trauriger Stimme, hängenden Schultern, sich wiederum senkendem Kopf.

Vor ihr, vor uns steht für einige Sekunden ein Mann, der schon mehr als nur ein einziges Mal von unüberwindbar erscheinenden Schicksalsschlägen heimgesucht worden war, in dessen Leben es mehr als einmal die Stimmung tiefster Ausweglosigkeit gegeben hatte.

In seinem Gesicht werden die Zeichen der Zeit plötzlich deutlicher als noch Sekunden zuvor, in denen er wie ein junger Mann gewirkt hatte. Ein grauer Schleier scheint sich über sein Gesicht zu ziehen.

Ich schaue ihn durch ihre Augen an, berühre ihn durch ihre Augen. Er sieht mich. Er schaut mich an.

Noch bevor er darüber verwundert sein könnte, sieht er wieder sie. Sie und meine Augen. Meine Augen in ihr, mich durch sie schauend. „Natürlich kann ich dieses Geld verdienen und es ihr schenken", sagt er, während im gleichen Moment eine lang verloren geglaubte Kraft in ihn einschießt, seine Haltung sich verändert, seine Gesichtsfarbe zurückkehrt, ein neues Lächeln auf seinem Gesicht erscheint. Seine Schultern hängen nicht länger, er wirkt etliche Zentimeter größer als zuvor. Lange vermisste Sinneswahrnehmung, Selbstvertrauen und Hoffnung kehren zurück.

„Diese Situation wird uns so viel näher zusammenbringen. Ich werde ihr meine ganze bedingungslose Liebe geben." Seine Augen lächeln.

Nun schaue ich SIE an. Durch SEINE Augen.

„Ich werde ihr meine ganze bedingungslose Liebe geben." Er wirkt noch größer als zuvor, nickt ihr zu und geht federnden Schrittes die Straße entlang, während wir, für alle Vorbeigehenden unmerklich, miteinander zu plaudern beginnen. Zwei alte Freunde haben einander wiedergefunden.

Weiß er, welche meine und welche seine Worte sind? Hält er es für seine Intuition? Ich bin *SANANDA,* und es ist mir nicht wichtig, ihn dieses zu fragen. Er hört mein Flüstern. Einer der Wege zur Erfüllung seiner Gebete hat sich ihm eröffnet. Das allein ist für mich ein Grund, auch an diesem Tag zu feiern.

Ich bin *SANANDA,* und ich erlaube es mir, nun durch diese Zeilen in dein Gesicht zu lächeln. Ich möchte mich bei dir bedanken für all die Male, in denen du auf Wegen gewandelt bist, die es mir ermöglichten, dich zu überleuchten und durch dich zu sprechen – durch dich das Leben eines anderen Menschen für immer zu verändern.

Ich möchte mich für all die Male bedanken, in denen dies geschehen durfte und du es in deiner Bescheidenheit nicht bemerktest.

Vielleicht magst du für einige Sekunden die Augen schließen und dich gemeinsam mit mir an einen dieser Momente erinnern.

Dein multidimensionales Selbst

Während du diese Zeilen liest, überleuchten wir auch eine Einkaufsstraße. Es ist nicht notwendig zu erwähnen, wo sich diese Einkaufsstraße befindet: in New York, in Mailand, in Tokyo, in München, in London, in Sydney ...

Das, was wir sehen, ähnelt sich in all den wohlhabenderen Orten dieses Planeten. Es ist nicht wichtig zu erwähnen, um welche Stadt, um welche Einkaufsstraße es sich handelt. Wir sehen Menschen, die sich beeilen, manche sind beinahe außer Atem, hasten entlang, manche eilen schneller, andere langsamer, manche zielstrebiger, andere ein bisschen orientierungsloser wirkend, manche tragen mehrere Taschen, andere nur eine. Manche gehen gebeugter, andere gerader, manche kaufen viel, andere weniger. Einer hat sich verlaufen. Er wirkt verloren. Nein, eigentlich wirkt nicht nur er verloren. Viele wirken verloren. Wir schauen ihnen in die Augen: in glasige, trübe, sinnentleerte Augen.

WÜRDEN wir sie fragen: Warum bist du heute hier? Warum hast du dich entschlossen, diesen kostbaren Teil deiner Lebenszeit heute auf genau diese Weise zu verbringen?, wüssten manche keine Antwort.

WÜRDEN wir sie fragen: Warum sind deine Augen glasig, trüb, sinnentleert? Manche wüssten keine Antwort.

WÜRDEN wir sie fragen: Wann haben deine Augen ihren Glanz verloren? Wann hast du zum letzten Mal Begeisterung empfunden? Wann blühst du auf? In welchen Momenten empfindest du, dass dein Leben einen Sinn hat? Wofür lebst du? Was begeistert dich? Was berührt dich? Was beschwingt dich, wenn du morgens aufstehst? Was würde deine Augen wieder zum Glänzen bringen? Manche von ihnen wüssten keine Antwort.

Die soeben beschriebene Szene rührt uns zu Tränen. Besonders deshalb, weil wir wissen: Sie alle werden erwachen. Der Glanz in ihrer aller Augen wird wiederkehren. In der westlichen Welt, in der wohlhabenderen Welt, in vielen Teilen der Welt hat sich eine gewisse Langeweile ausgebreitet. Ein Gefühl der Sinnlosigkeit. Vielleicht haben viele diese Langeweile deswegen unbewusst bewusst gewählt, um das darauf folgende Erwachen als noch ekstatischer zu erleben.

Während du diese Zeilen liest, flüstern wir einigen Menschen auf dieser Einkaufsstraße zu:

„DU bist ein Wesen, das auf mehreren Dimensionen existent ist. Du lebst auf einem Planeten, auf dem mehrere ineinander verflochtene Dimensionen existent sind. Du siehst einen Bruchteil dessen, was um dich herum existent ist.

SCHAU nur die riesigen Schwingen des Schutzengels der Dame, die gerade an dir vorbeihastete.

SCHAU den jungen Mann dort drüben: Er hat zwölf Geistführer an seiner Seite.

DORT: Die Dame, die den Kinderwagen schiebt: Ihre Mutter hat vor drei Wochen ihren Körper verlassen und ist auf die andere Seite gegangen. Mit liebevollem Lächeln schreitet sie schwebend neben ihrer Tochter, mit seligem Blick ihr Enkelkind im Kinderwagen betrachtend.

UND ÜBER DIR, wenn du nur sehen würdest, wer sich über dir befindet ..."

Im Tanz der Dimensionen findet so unendlich viel mehr statt als das mit bloßem physischen Auge Sichtbare.

Auf nichts freuen wir uns mehr als auf den Tag, an dem deine Augen, deine inneren Augen, sich zu öffnen bereit sind und an dem deine irdischen Augen von einem Strahlen durchströmt werden, das denen innewohnt, die die Welten der anderen Dimensionen schauen können.

Je leerer jetzt dein Blick,
desto größer, so wissen wir,
ist deine Sehnsucht.

Je größer deine Sehnsucht,
desto tiefer deine darauf folgende Erfüllung.

Wir freuen uns auf den Moment, in dem du zum ersten Mal in vollkommener Bewusstheit allen deinen Freunden anderer Dimensionen in die Augen lächelst. Wir erachten es als kaum mehr notwendig zu erwähnen, dass das Gefühl der Langeweile sich eurer Erfahrung entzieht, sobald sich euch eure multidimensionale Sichtweise eröffnet hat.

Die Welt ist dann eine andere,
eine, die ihr nicht mehr missen wollt.

Die anderen Dimensionen erachten wir nicht als besser, wir möchten es eher so beschreiben, als hättet ihr über einen längeren

Zeitraum hinweg lediglich eine Farbe des Regenbogens betrachtet, und nun offenbart sich euch die gesamte Farbpalette.

Die Mutter, die zur anderen Seite übergegangen ist, der Schutzengel mit den strahlenden Schwingen, die Geistführer, du und deine Mitmenschen, und auch wir, wir alle befinden uns jeweils auf unterschiedlichen Dimensionen, die ineinander verflochten sind. Auf jeder dieser Dimensionen existieren unterschiedliche Gesetzmäßigkeiten.

Und auch dein Sein
erstreckt sich über mehrere Dimensionen.

☆☆☆

Möchtest du die nächsthöhere Schicht deines Selbst aktivieren?

Auf welcher Dimensionsebene findet dein Alltag heute statt? Wie nah oder wie fern befindest du dich von deinem göttlichen Vordruck?

Strahlen deine Augen?

Schreitest du beschwingten Schrittes?

Erfreust du dich blühender Gesundheit?

Empfindest du dich ausgeruht, im Gleichgewicht?

Liegt ein Lächeln auf deinen Lippen?

Berührt deine Umgebung dein Herz, ohne dass es dich aus deiner Mitte ziehen würde?

Erfreust du dich des heutigen Tages, dieses jetzigen Moments? Hast du ihn frei gewählt? In einer fließenden Bewusstheit manifestiert?

Erfährst du eine Balance des Gebens und Nehmens in deinem Leben, einen nie versiegenden Fluss verschiedenartigster Facetten der Liebe?

Beschwingt dich dein tägliches Tun mehr, als dass es dich auslaugt? Ergibt es für dich, für deine persönliche Betrachtung einen Sinn? Würdest du sagen: Wenn ich morgen sterben würde, gäbe es wenig, das ich rückblickend anders getan hätte in meinem Leben?

Empfindest du dich in ein subtiles Leuchten gehüllt?

Wenn du ein Ziel fokussierst, erreichst du es? Erreichst du es ohne ein Gefühl großer Anstrengung?

Lachst du gern? Häufig? Mit Leichtigkeit?

Materialisieren sich deine Visionen?

Empfindest du eine erfüllende Verbindung deines gesamten Selbst mit der Existenz?

Ist dies der Fall, wandelst du innerhalb deines göttlichen Vordrucks. Sollte es noch nicht der Fall sein, kannst du deinen göttlichen Vordruck visualisieren, sodass er sich wie ein spiritueller Mantel um dich schmiegt und du dich an seine Qualitäten und Möglichkeiten erinnerst.

Natürlich kannst du auch uns, die Lichtwesen der Geistigen Welt, um Unterstützung bitten, deinen göttlichen Vordruck zu aktualisieren. Mit übergroßer Freude werden wir dich dabei begleiten. Deine Schritte werden beschwingter werden, dein Leben wird sich subtil leichter anfühlen, durchzogen von einer nie versiegenden Sinngebung, von einer inneren Gewissheit.

Jeden Tag, jeden Morgen nach dem Aufwachen kannst du entscheiden, auf welcher Dimensionsebene du dich heute manifestieren möchtest, so, wie auch deine Träume auf verschiedenen Dimensionsebenen stattfinden.

Hast du einen Tag auf dichterer Schwingungsebene beschlossen, gleitest du mit höherer Wahrscheinlichkeit in einen Albtraum.

Beendetest du den Tag in tiefer Meditation, fällt dir beispielsweise das luzide Träumen leichter.

Fokussierst du dich über einen längeren Zeitraum hinweg darauf, innerhalb deines göttlichen Vordrucks zu leben, verankerst du dich dadurch fortwährend in ihm, und diese Dimension wird zu deiner neuen Heimat.

Im göttlichen Vordruck verankert,
lebst du deine höchste Bestimmung
eines jeden Moments.

Während wir flüstern, erhellt sich hier und dort ein Augenpaar. Manche der Spaziergänger oder Einkäufer erleben diese Konversation bewusst, viele erleben sie auf einer anderen Ebene. Wenn sie es möchten, wird während ihres nächtlichen Schlafs eine subtile Veränderung sanft in sie einfließen.

☆☆☆

Jenseits der Trennung, jenseits der Dualität – Einheit mit allem, mit absolut Allem-was-ist.

Der nächste Meilenstein menschlicher Evolution, menschlichen Bewusstseins, ist die Erinnerung an das Einssein mit Allem-was-ist.

Dies bedeutet Aufstieg über die Dualität hinaus, Abschied von Wahrnehmungen wie Gut, Schlecht, Besser, Schlechter, Kostbar, Wertlos, Schön, Hässlich.

Es bedeutet Aufstieg und Transformation allen Hasses in die Liebe, aller Angst in die Liebe, aller Wertung in die Liebe, aller Kriege in die Liebe, aller Ausbeutung in die Liebe, des Egoismus in die Liebe, allen Grolls in die Liebe, aller Lügen in die Liebe, aller Entbehrungen in die Liebe, aller Vorwürfe in die Liebe, aller Verachtung in die Liebe, aller Dunkelheit in die Liebe, aller Widerstände in die Liebe, aller Blockaden in die Liebe, aller Trennung in die Liebe.

Es bedeutet, dass die Liebe zur Antwort wird, zur Antwort auf alles, was geschieht, jemals geschah und geschehen wird.

Mit ihr die Schwingung der Vergebung, der Vergebung aus völliger Empathie und Verbundenheit heraus, nicht der Vergebung aus einer Selbsterhöhung heraus.

Wer bin ich, dich zu werten?
Wer bin ich, dich zu hassen?
Wer bin ich, dir zu grollen?

Diese Fragen ergeben sich nicht aus einer Selbsterniedrigung, sondern aus einer solch selbstverständlichen Ebenbürtigkeit, dass sich alle Seinszustände, die dichter und niedriger schwingen als die Liebe, wie von selbst auflösen, in der Begegnung, die Herz zu Herz, Auge in Auge oder auch über eine physische Distanz hinweg stattfindet.

Die Jahrtausende der menschlichen Entbehrungen, der Einsamkeit, des Tappens im Dunkeln, ohne dass die Laterne gesehen werden konnte, die die Geistige Welt der Menschheit hielt und anbot, die sie über ihren Köpfen balancierte, neigen sich dem Ende zu, um in das lange und voller Sehnsucht erwartete Neue Zeitalter überzugehen, fließend überzugehen.

Jeder von euch, ohne Ausnahme, manifestiert sein Universum, aus dem sich das kollektive Universum ergibt, das sich jedes Mal wandelt, wenn sich eines eurer Universen verwandelt – sich jedes

Mal in seiner Schwingung erhöht, wenn sich eines eurer Universen in seiner Schwingung erhöht. Daraus kann sich euer persönlicher Beitrag zu diesem Wandel wie von selbst und ohne jegliche Komplikation ergeben.

Wandle dein Universum,
und du wandelst das Kollektivuniversum.

Schon dadurch, dass du die Bereitschaft erfährst, das deine zu wandeln, sendest du Energien aus, die andere berühren, inspirieren und in ihnen den Prozess in Bewegung setzen, das ihre zu wandeln. Woraufhin sie Energien aussenden, mit denen Menschen in Resonanz gehen, die wiederum Energien aussenden ...

Wenn du beginnen möchtest, dein Universum in seiner Schwingung zu erhöhen, sendest du damit nicht nur eine Woge aus, die wiederum kollektive Schwingungserhöhung auslöst, sondern du selbst profitierst direkt, und mit dir alle deine Mitmenschen, alle, die du liebst, alle, deren Leben du berührst und jemals berühren wirst. Denn das, was du durch deine sich stetig steigernde ausgesandte Liebesschwingung magnetisierst, übertrifft vielleicht dein derzeitiges Vorstellungsvermögen, und das ist lediglich ein wunderschöner Nebeneffekt.

Wir laden dich ein, den Mikrokosmos und den Makrokosmos deines Lebens zu wandeln und alle Emotionen, alle Seinszustände, die in dir und in deinem Umfeld noch dichter schwingen als die Liebe, in Liebe, in Vergebung, in Frieden, in Ekstase, in höher schwingende Emotionen und Seinszustände zu transformieren.

In vielen Familien und in Freundeskreisen gibt es ein schwarzes

Schaf, einen „Täter“, einen „Schuldigen“, einen „Magneten allen Übels“, wenn nicht sogar mehrere. Vielleicht hat dieser Mensch ein bisschen etwas dazu beigetragen, in dieser Rolle zu sein, vielleicht hat er viel dazu beigetragen ...

Wer sind wir, dies zu beurteilen?

Wer bist du, dies zu beurteilen?

Vielleicht hat dieser Mensch Dinge getan, die nicht der Quelle der Liebe entsprungen sind, die, aus deiner Sicht betrachtet, ein Mensch, in dem ein bewusstes, erwachtes, liebendes Herz pocht, nicht vollzogen hätte. Vielleicht bist du nach wie vor nicht in Übereinstimmung mit diesen Taten. Vielleicht empört dich diese Tat, diese Handlung. Lass es weiterhin zu, mit der Tat, der Handlung nicht in Übereinstimmung zu sein.

Sei weiterhin achtsam bezüglich der Fragestellung: Wie viel Nähe oder räumliche Distanz zwischen mir und diesem Menschen ist notwendig? Eventuell braucht er noch Zeit, sich auch in seinem Handeln an das zu erinnern, zu dem er in der Lage ist und was seiner wahren Essenz, seinem wahren Kern entspricht.

Ohne notwendigerweise die Handlungen gut zu heißen oder mit diesen in Übereinstimmung zu sein, ohne dich einer eventuell weiteren Verletzung oder einer Grenzüberschreitung auszusetzen, vergib dem Menschen in Liebe, in bedingungsloser Liebe, vielleicht aus räumlicher Distanz heraus. Wenn du ihm nicht vergeben kannst, beginne damit, in dir die Möglichkeit zuzulassen, dass sich Vergebung eines Tages in dir ausbreiten wird.

Ehrlichkeit dir selbst gegenüber ist hier von unbeschreiblicher Bedeutung! Vielleicht ist dein Verzeihen ein zarter, ein langsamer, ein stufenweiser Prozess.

Das Verzeihen ist eine Weite, die sich innerhalb deines Herzens ausbreitet, die innerhalb deines Herzens erfahrbar wird.

Es ist keineswegs ein rein gedanklicher Prozess, möglicherweise nichts, was du innerhalb fünf Minuten „absolvieren" kannst, weil du auf mentaler Ebene verstanden hast, dass es für alle Beteiligten das Beste wäre. So es Zeit braucht, schenke dir diese.

Das Wichtigste ist deine Authentizität.

Und gleichzeitig: Fordere dich heraus! Frage den Teil in dir, der noch nicht bereit ist, vollkommen zu verzeihen und sich diesem erlösenden Gefühl hinzugeben.

Warum nicht?
Bremst dich dein vielleicht gut maskiertes Ego?
Gibt es kognitive Gründe?
Oder findest du eine wahrhaftige Wunde, deren Ausheilung noch ein bisschen Zeit benötigt?

Weise der Stimme des Verzeihens nicht in Voreingenommenheit die Tür. Löse dich von der Überzeugung, DIESEM Menschen könne man nicht vergeben, bei diesem Menschen handle es sich um eine Ausnahme. DIESER Mensch sei SO schlecht ...

Besinne dich der Ebenbürtigkeit.

Erkenne in ermächtigter Demut deinen Resonanzpunkt, deinen Anteil an der Geschichte, vielleicht deinen Tanzschritt, während dem er oder sie dir möglicherweise auf den Fuß getreten ist. Wenn du dir nicht sicher bist, wie sich spirituelle Vergebung anfühlt, wie du wissen kannst, ob du in spiritueller Vergebung bist, dann fokussiere dich auf die Liebe.

Ihr alle kennt die Liebe, auch dann, wenn ihr euch vielleicht nicht erinnern könnt, sie in diesem Leben erfahren zu haben, auch wenn die letzte Liebeserfahrung vielleicht in unendlich weit entfernter Vergangenheit zu liegen scheint, auch wenn ihr in diesem Leben geschlagen, gefoltert, missbraucht worden seid – ihr alle KENNT die Liebe.

Allein, dass du lebst und Teil dieses Universums bist, zeigt dir, dass du weißt, was Liebe ist. Denn die Liebe ist die Grundschwingung dieses Universums.

Der Urton der Liebe
ist die Frequenz dieses Universums.

Jeder Moment in Liebe gelebt ist Lichtarbeit, ist Heilung, die in die Unendlichkeit hinaus strahlt. In jedem Moment, in dem ihr in Liebe seid, co-kreiert ihr den Aufstieg der Erde in das Bewusstsein jenseits von Trennung und Wertung, den Aufstieg in das Einheitsbewusstsein.

IN DEM MOMENT, in dem ihr allen Menschen, allen Wesen, denen ihr jemals begegnet seid, Schwingungen der Liebe zuteil werden lassen könnt, seid ihr Magneten der Schwingung des Neuen Zeitalters, Manifestanten dieser neuen Epoche.

Angewandte Lichtarbeit

Wir laden euch ein, diese in den Makrokosmos eurer Existenz auszuweiten. Denjenigen, mit deren Handlungen ihr nicht im Einklang seid, Liebe zu senden. Das ist ein hoher, ein wichtiger Dienst. Damit die Menschen, die, durch die Augen der Polarität betrachtet, noch als „schlecht“ bezeichnet werden könnten, die Chance, den Segen, die Gnade empfangen, Vergebung und Licht zu erhalten.

Mit wessen Handlungen bist du nicht im Einklang?

Mit welcher politischen oder religiösen Führungspersönlichkeit? Mit welchem, vielleicht in einer gewissen Machtposition stehenden Menschen? Mit welchem Entscheidungsträger? Mit welchem Menschen, der deines Erachtens nach vielleicht für den Tod eines Kindes, für den Tod Tausender Kinder, für den Tod eines Baums, Tausender Bäume, für den Tod eines Delfins, Tausender Delfine verantwortlich ist? Für Kriege? Für Katastrophen?

KANNST du dir vorstellen, dass dieser Mensch vielleicht Empfänger des Grolls von Millionen von Menschen ist?

KANNST du dir vorstellen, wie lähmend und hoffnungsraubend es für diesen Menschen sein kann, einer solchen Wand menschlicher Verachtung gegenüberzustehen?

KANNST du dir vorstellen, dass dieser Mensch sich vielleicht schon lange gewandelt, schon lange seine Position verändert hat, aber nach all den Geschehnissen, nach der Ablehnung, die er empfing, nicht mehr den Mut aufbringen kann, sich offen zu seinem

Sinneswandel zu bekennen und seinen Weg nun als besiegelt erachtet?

KANNST du dir vorstellen, dass dieser Mensch sich nach nichts mehr sehnt als nach Liebe und Verzeihen? Danach, noch einmal neu beginnen zu können und andere Entscheidungen zu treffen?

KANNST du dir vorstellen, dass seine vermeintliche Einsichtslosigkeit verletztem Stolz und Verzweiflung entspringt, aber nicht mehr seiner wahrhaftigen Überzeugung?

KANNST du dir vorstellen, dass deine Liebe, dein Verzeihen, ihm stellvertretend für seine eigene Vergebung das Erschließen eines Raums ermöglicht, in dem er beginnen kann, sich selbst zu lieben, sich selbst zu verzeihen und daraufhin sein Handeln zu wandeln?

KANNST du ihm eines der größten aller spirituellen Geschenke darreichen? Das Geschenk, ihn in seiner ganzen wahrhaftigen Größe zu sehen? Das Samenkorn zu dieser Größe schlummert bereits in ihm, auch wenn er vielleicht noch nicht darum weiß.

KANNST du den Raum für seine Größe so lange halten, bis er selbst diese für möglich zu halten beginnt, so lange, bis er in sie hineinwächst? Kannst du die Größe in ihm sehen, auch dann, wenn sein äußeres Verhalten diese noch nicht vermuten lässt?

KANNST du Gottes Plan für ihn schauen? Kannst du die Reinheit, die ihm innewohnende Reinheit, die vielleicht von allen seit langem vergessen, vielleicht gar verloren geglaubte Reinheit in ihm erinnern? Sollte dir dies schwerfallen, so bitten wir dich: Visualisiere ihn, wie er als neugeborenes Baby ausgesehen haben könnte. So rein. So berührend. So göttlich. So zart.

KANNST du ihn daraufhin, in diese Reinheit gehüllt, visualisieren?

Erinnere dich dann an seinen göttlichen Vordruck, wenn alle anderen diesen vielleicht vergessen haben. Erinnere dich an das Sein, das zu verkörpern seine Seele in der Lage ist. Visualisiere ihn, wie die Gesamtheit seiner reinen Seele aus ihm heraus zu strahlen beginnt und er sich als liebend agierende Seele zunehmend erhellt.

Dabei ist es nicht notwendig, dass du die Details seiner Tätigkeiten wahrnehmen kannst, es geht lediglich darum, die energetische Veränderung wahrzunehmen – sein Strahlen, sein Leuchten, sein Erblühen innerhalb seines göttlichen Vordrucks zu betrachten.

Das „Wie“ darf für dich irrelevant sein, es wird sich aus seinem Lebensfluss heraus ergeben. Lass dich von dieser Schönheit, von dieser Unbeflecktheit der Seele berühren, so, als würdest du die schönste Rose bewundern, die du in deinem ganzen Leben jemals gesehen hättest. Sieh ihn, durch die Augen deines Herzens verankert, in ebenbürtiger Achtung.

Du hast es vollbracht,
einen Menschen zu segnen.

Kannst du sogar noch einen Schritt weitergehen? Ihm zu DANKEN für sein Handeln, für das du ihn werten konntest? Dadurch, dass er sich angeboten hat, diese unbeliebte Rolle im kosmischen Theater zu spielen, ist DIR diese nicht angeboten worden, hast du im Tanz des Lebens einen ehrenwerteren Tanzschritt auf der Lebensbühne absolvieren können.

Durch seinen Dienst, den Tanz der Dunkelheit zu tanzen, wurde es dir und vielen anderen ermöglicht, ihn zu werten, die eigenen, noch vorhandenen Aspekte der Dunkelheit zusätzlich auf ihn zu projizieren, und daraufhin hast du noch die Möglichkeit erhalten, ihm aus der Ebenbürtigkeit heraus in Liebe VERZEIHEN zu dürfen, deinen Groll gegen ihn auflösen zu dürfen.

Ist es in dem irdischen Spiel nicht auch leichter, das Opfer, der Retter, der Beobachter, der Passive zu sein, und nicht der Täter?

Wie viel Mut er gehabt haben muss,
die Rolle des Täters einzunehmen!

Indem du ihm die Schwingung der Liebe sendest, stellst du ihm eine Energie zur Verfügung, durch die er sich an seine Essenz erinnern und endlich wieder ERWACHEN kann.

„Gott sei Dank, es war nur ein ALBTRAUM – inmitten des Traums dachte ich schon, es sei wirklich die Realität."

Nichts vernehmen wir deutlicher als die SEHNSUCHT der „Täter", endlich wieder den „Tanz der Guten", den Tanz der Liebe, den Tanz der Erlösung weitertanzen zu dürfen, den sie für kurze Zeit unterbrochen hatten, vielleicht aus einem vorübergehenden Missverständnis heraus, bei dem sie nicht wussten, wie sie sich daraus wieder verabschieden konnten.

Sie können es nicht erwarten,
aus der Illusion auszusteigen!

Deine Liebe ist wie heiliges Wasser, das auf das bereits gesäte Saatgut gegossen wird. Deine Liebe verschmilzt mit der Liebe all derer, die diesen Dienst gemeinsam mit dir tun, die diesen Tanz gemeinsam mit dir tanzen, sowie mit der unendlichen Liebe Gottes, so, wie ein Wassertropfen mit dem Ozean verschmilzt, in der Sekunde, in der er in ihn eindringt.

Erlaube es dir, Gebender und Empfänger gleichzeitig zu sein, denn während der Erfahrung deines Menschseins warst auch du nicht davor gefeit, das Gewand des dunklen Tänzers vorübergehend überzustreifen, um deinem Bruder oder deiner Schwester zu Diensten sein zu dürfen, damit er/sie sich in Vergebung und Verständnis üben könnte. Auch du hast im Tanz der Illusionen mitgetanzt, auch du hast manchmal ein schwarzes, manchmal ein weißes, manchmal ein buntes Gewand getragen.

Es ist ein unbeschreiblich transformativer und kraftvoller Dienst, den soeben beschriebenen Prozess innerhalb einer Gruppe gemeinsam zu zelebrieren. Vielleicht gibt es einen Menschen, der das Licht seiner Seele, seinen göttlichen Vordruck vorübergehend vergessen hat, der sich in der Illusion der Dunkelheit verstrickt und verloren hat – vielleicht ein Tyrann oder ein Mörder. Jemand, durch dessen Handeln die Welt so tief erschüttert wurde, dass es vielen sehr schwerfällt, diesen Menschen nicht zu verachten.

Dann kann es ein hoher Dienst an seiner Seele und an allen, die mit ihm in Verbindung stehen, sein, den soeben beschriebenen Prozess geschehen zu lassen.

Niemals würdet ihr missverstanden, dass ihr das Verhalten dieses Menschen glorifiziert hättet; ihr haltet den Raum für diesen Menschen, sein Licht, sein wahres Selbst zu erinnern, aus einem Albtraum zu erwachen. Ihr reicht ihm eine Schablone, die es ihm, sobald er bereit ist, erleichtert, seine wahrhaftige Form anzunehmen.

DIES ist eine Meditation, mit der ihr das Entstehen des Weltfriedens unterstützen könnt.

DIESE Meditation könnt ihr geschehen lassen, losgelöst davon, ob es sich um einen der „Täter" oder um eines der „Opfer" handelt.

DIESE Meditation könnt ihr geschehen lassen, wann immer ein Wesen geschwächt ist, wann immer ein Wesen nicht im Gleichgewicht ist.

Auch könnt ihr sie für eine Naturlandschaft anwenden, die vielleicht aufgrund eines erfahrenen Raubbaus einen Teil ihres Glanzes verloren hat.

Ihr könnt diese Meditation, in euren persönlichen Worten formuliert, vielleicht intuitiv improvisiert, für den gesamten Planeten Erde, für das gesamte Universum, für die gesamten Universen stattfinden lassen.

Dies ist ein Beitrag zum Weltfrieden, den manche von euch vielleicht über einen langen Zeitraum hinweg unterschätzt haben.

Es ist uns eine Freude, erfahren zu dürfen, dass täglich mehr und mehr Menschen ob dieser Möglichkeiten erwachen.

Verschmelzung auf interdimensionaler Ebene

So oft dürft ihr durch das Erfahren von Paradoxen erwachen. Während auf irdisch-praktischer Ebene die Globalisierung zunimmt, und mit ihr die Anonymitäts- und Trennungsillusionen, während durch fortschreitende Automatisierung menschliche Begegnung immer unwichtiger und weniger notwendig erscheint, geht es auf spiritueller Ebene in sich beschleunigender Form darum, wahrhaftiges Einheitsbewusstsein zu erfahren, zu praktizieren, zu leben.

Gerade in Zeiten, in denen im Außen vieles schneller, automatischer, unpersönlicher wird, erachten wir es als wichtig, die innere Verbundenheit tief im Herzen zu verankern.

Denn aus der Herzensverankerung heraus könnt ihr nicht nur unser Flüstern vernehmen, sondern es ist auch das Zentrum eurer Manifestationskraft. Das, was ihr auf Herzensebene als wahrhaftig erachtet, dem erlaubt ihr, in eurem Leben Raum einzunehmen.

Es geschieht, ob es sich um einen Herzenswunsch oder um eine Herzensangst handelt, von der ihr euch vielleicht nur zu gern verabschieden würdet, die aber bewusst oder unbewusst noch in euch schlummert. Durch den sich stetig beschleunigenden Aufstieg der Erde, durch die diesen auslösende Schwingungserhöhung sowie durch ihr und euer Annähern an die höheren Dimensionen beschleunigt sich auch das Tempo all eurer Manifestationen.

Noch vor einigen Jahrzehnten existierte auf Erden eine gänzlich andere Manifestationsenergie als die heutige und als die, die in naher Zukunft vorhanden sein wird.

Noch vor einigen Jahrzehnten konnte es auf Erden Jahre dauern, bis ein vehement und permanent gehaltener Glaubenssatz sich mehr und mehr auch als äußere Realität manifestierte. Dies war sogar in Situationen der Fall, in denen ihr wolltet, dass sich ein bewusst verinnerlichter, ein bewusst gewählter und vielleicht wieder und wieder affirmierter Glaubenssatz endlich im physischmanifesten Leben zeigt. Ihr musstet regelrecht daran arbeiten, dies mit Einsatz von Disziplin und Willenskraft zu bestärken und schließlich hervorzurufen.

Das ändert sich nun rapide dadurch, dass ihr euch unseren Dimensionen und somit auch den Gesetzmäßigkeiten unserer Dimensionen nähert. Die Nebel lichten sich, die Distanzen verringern sich, das, was für uns möglich ist, rückt mehr und mehr in die Greifbarkeit eurer Möglichkeiten.

Bei uns auf der inneren Ebene
existiert keine Zeitverzögerung.

Wir denken: „Ich möchte Johnny überleuchten“, und schon befinden wir uns bei ihm. Wir brauchen nur „Johnny“ zu denken, und schon befinden wir uns bei ihm. Ja, wir brauchen uns nur der Liebe zu ihm gewahr zu sein, und schon befinden wir uns bei ihm.

Jeder Gedanke,
jede Herzensregung
wird umgehend manifest!

Ist es nicht das, wonach sich viele von euch sehnen? Ihr denkt „Seelenpartner, Zwillingsflamme", und schon steht euch euer seit Jahren sehnlichst herbeigewünschter idealer Partner gegenüber. Ihr denkt „überfließende Fülle", und in dem Moment erfahrt ihr, dass ihr Millionär geworden seid.

Ähnlich könnt ihr es euch auf der inneren Ebene vorstellen. In eben diesem Tempo.

Nun stellt euch für einige Sekunden vor, wie es wäre, wenn ihr zuvor noch nicht zu Meistern eurer Gefühle und Gedanken geworden wäret. Wenn eure Ängste noch dominanter wären als eure Gottverbundenheit, euer Urvertrauen, eure Dankbarkeit, euer Nicht-Anhaften.

WIE wäre es, diesem lange ersehnten und nun endlich manifest gewordenen Traumpartner gegenüber zu stehen und von euren noch nicht losgelassenen, noch nicht transformierten Urängsten überwältigt zu werden?: „Was wäre, wenn ich ihn verlieren würde?" „Was wäre, wenn er mich betrügen würde?" „Was wäre, wenn er augenblicklich sterben würde?"

WIE wäre es, wenn eure Ängste mit seinen kompatibel wären und die Manifestation sich so schnell vollzöge wie auf der inneren Ebene, wie in unseren Dimensionen?

WIE wäre es, wenn ihr eure manifestierte Million entgegengenommen und ein bisher unbewusstes verinnerlichtes Programm sich zu Wort melden würde? „Was wäre, wenn ich beraubt werden würde?" „Was wäre, wenn meine Frau, meine Freunde, meine Familie mich jetzt nur noch um meines Geldes Willen lieben würden?“ „Was wäre, wenn ich aufgrund des neugewonnenen Reichtums meine spirituellen Qualitäten und Werte verlieren würde?“

☆☆☆

MÖCHTET ihr euch für einige Sekunden vorstellen, wie es sein könnte, würde die Manifestation auf Erden jetzt schon in dem Tempo stattfinden wie hier bei uns, auf der inneren Ebene, in unseren Dimensionen?

MÖCHTET ihr euch für einige Sekunden vorstellen, wie euer Leben wäre, würde die Manifestation all eurer Gedanken jetzt schon stattfinden, jetzt, bevor ihr Meister eurer Gedanken geworden seid? Bevor ihr jederzeit frei wählt, welchen Gedanken ihr zu Ende denkt und welchen nicht? Leise nickend möchten wir hinzufügen:

Deshalb dauert es manchmal so lange,
bis eure Gebete endlich sichtbar, greifbar,
spürbar erhört worden sind.

Niemals fand diese Zeitverzögerung statt, weil Gott euch nicht gehört hätte, weil euer Gebet nicht wichtig genug gewesen wäre, oder weil ihr euch euren Wert erst hättet verdienen müssen.

Diese vermeintliche Zeitverzögerung fand deswegen statt, weil ihr die innere Bereitschaft entwickeln musstet, das erhörte Gebet, dieses Geschenk, annehmen zu können, ohne aus dem Unbewussten heraus etwas zu manifestieren, das euch vielleicht mehr Schmerz als Erfüllung beschert hätte.

Eure Angstenergie kann genauso starke Manifestationskraft generieren wie eure Wunschenergie. Entlang der irdischen Manifestationsgesetzmäßigkeiten manifestiert sich die Wunschenergie dann, wenn sie größer ist als die Angstenergie, und das ist zu eurem Schutz der Fall.

KÖNNT ihr einen Ort in euch finden, einen Ort der Dankbarkeit? „Danke für diesen Schutz. Danke für den Schutz vor der Manifestationskraft meiner noch vorhandenen Ängste. Danke für die Gesetzmäßigkeiten der Dimensionsebene, auf der ich mich gerade befinde."

KÖNNT ihr für diesen vorübergehenden Schutz, der in der Zehntelsekunde für euch entfallen wird, in der ihr persönlich ihn nicht mehr braucht, weil ihr ihm entwachsen sein, dankbar sein? Ebenso dankbar wie für die Luft, die ihr atmet, für die Sonnenstrahlen, die euch wärmen, für den Boden, der euch trägt?

Dieser Schutz ist ebenso Teil eurer Dimension wie die Schönheit der Natur, wie euer Wasser und eure Nahrung. In dem Moment, in dem ihr dieser Schutzbedürftigkeit entwachsen seid, wird sie entfallen, wie das Herbstlaub sich zum richtigsten Zeitpunkt von den Ästen löst, und dann werdet ihr strahlend in den neuen Dimensionen eurer neu gewonnenen Manifestationsfähigkeit aufblühen.

Richtig: Es ist nicht notwendig für euch, dass ihr wartetet, bis ihr auf der inneren Ebene angekommen seid, um dieses zu erfahren.

Es sind lediglich zwei Schritte zu tun.

Die transformative Schwingungserhöhung eurer Ängste durch empathische Annahme dieser und aller Aspekte eures Selbst und die Erkenntnis des Unterschieds:

Bei welchen eurer Wünsche handelt es sich um eure wahrhaftigen Wünsche, eure aufgestiegenen Wünsche, die Wünsche eurer Seele? Bei welchen Wünschen handelt es sich um illusionäre Wünsche, die aus der Illusion einer Abgeschnittenheit unbewusster Ängste heraus entstanden sind?

Auch vor der Erfüllung eurer
illusionären Wünsche seid ihr beschützt.

Eure wahrhaftigen Seelenwünsche gehen in dem Moment in Erfüllung, in dem ihr die Angst vor ihnen überwunden habt. Wie ihr schon lange wisst, entspringen eure Gedanken euren bewussten und unbewussten Sehnsüchten, Wünschen, übernommenen und eigenen Erfahrungen und Gefühlen.

Euch allen, ohne Ausnahme,
wird es gelingen,
eure Gedanken zu meistern.

Der späteste Zeitpunkt, an dem dies geschehen wird, ist der Moment, in dem ihr euren Körper verlasst. Denn dies ist ein Dimensionswechsel, bei dem ihr augenblicklich die Existenz der Gesetzmäßigkeiten dieser für euch neuen Dimension erfahrt. Euch allen wird die Meisterschaft über die Gedanken gelingen. Es ist ein Moment, in dem sich eure Freiheit multipliziert. Ein Meilenstein auf dem Weg der Meisterschaft, ein Meilenstein beim Erklimmen des Berges unendlicher Freiheiten.

Jedoch braucht ihr nicht zu warten, bis ihr den Körper verlasst! Euer Leben auf Erden wird um Unendliches leichter, sobald ihr Meister eurer Gedanken seid. Denn zu jedwedem Zeitpunkt entsteht nicht länger das, was ihr fürchtet, sondern das, was ihr bewusst und mit wenig Anstrengung ins Leben ruft, ins Leben denkt, in einem co-kreativen Prozess gebärt.

Das ist Teil dessen, was wir als spirituellen Aufstieg bezeichnen, Teil dessen, was wir als irdischen spirituellen Aufstieg bezeichnen. Ihr werdet zu Meistern, um entlang subtilerer, höher schwingender, für euch freudvollerer Gesetzmäßigkeiten das Sein zu erfahren und zu gestalten. Nicht länger als passive Empfänger eines Schicksals, sondern als Manifestanten, die sich in völliger Hingabe an das Höhere Selbst einem erhebenden Gedankenstrom hingegeben haben. Manifestanten, die dadurch zu Meistern werden, weil sie als Meister denken und fühlen.

Warum wollt ihr warten,
bis ihr euren Körper verlassen habt?

Wir alle meisterten unsere Gedanken, bevor wir den physischen Körper verließen, und dadurch entpuppte sich die Erde für uns als ein einzigartiger Abenteuerspielplatz. Das Wunderbare ist, dass sich dieser Prozess durch die irdische Schwingungserhöhung vereinfacht hat und sich weiter vereinfacht.

Da sich eure Dimension der unseren stetig nähert, treffen die Gesetzmäßigkeiten unserer Dimensionen mehr und mehr auf eure zu. Auch dadurch ist es uns mit solcher Leichtigkeit möglich, eure Überleuchter, Begleiter und Wegweiser zu sein.

Es ist so, als hättet ihr euch auf das Abenteuer eingelassen, ein euch völlig fremdes Land zu bereisen, in dem eine Sprache gesprochen wird, die euch fremd ist, ein Land, in dem kulturelle Bräuche gehandhabt werden, die euch noch unverständlich sind, und wir wären eurem Ursprungsland entsprungen, hätten nun etliche Jahrzehnte in diesem für euch noch neuen Land gelebt und würden uns nun anbieten, eure Reisebegleiter zu sein.

In diesem Fall würden wir euch zum Beispiel anbieten, für euch die Speisekarte zu übersetzen, aber niemals würden wir uns anmaßen, für euch die Wahl eurer Speise zu treffen.

Die Dimension, auf der ihr derzeit wandelt, spiritualisiert sich mehr und mehr. Ihr empfangt das Geschenk, Zeitzeugen zu sein und dies aus erster Hand miterfahren und mitmanifestieren zu dürfen. Eure Gedanken und Gefühle dürfen immer schneller manifest werden. Es ist nicht notwendig zu warten, bis ihr die Schwelle überschreitet, euren Körper zu verlassen.

Aufgrund dieser Dimensionsannäherung, diesem sich mehr und mehr lichtenden Nebel zwischen den Welten, wird die interdimensionale Kommunikation immer müheloser und selbstverständlicher werden. So, wie der interkontinentale Kontakt auf Erden sich innerhalb des vergangenen Jahrhunderts rapide intensivierte, intensiviert sich innerhalb dieses Jahrhunderts der interdimensionale Kontakt.

Wir feiern den Tag, an dem es euch gelingt, alle ineinander verschachtelten, untrennbar miteinander verflochtenen Dimensionen gleichzeitig zu sehen und wahrzunehmen.

Das ist der Tag, an dem alle Wesen das Wissen um die Unsterblichkeit der Seele in der gleichen Selbstverständlichkeit atmen, in der ihr in dieser Sekunde euren nächsten Atemzug nehmt.

Irdischer Aufstieg im Kontext der Multidimensionalität

Die Multidimensionalität bezieht sich nicht nur auf den Unterschied zwischen der physischen und der Astralebene, der Ebene der Elementarwesen, der eurer Geistführer, unserer Ebene, der Ebene der Engel, Erzengel, Schutzengel und Elohim sowie auf die verschiedenen kosmischen Ebenen.

Auch innerhalb des Planeten Erde erfahrt ihr verschiedene Dimensionsebenen, und ihr könnt innerhalb eures physischen Körpers, innerhalb eures Alltagsbewusstseins zwischen den Dimensionsebenen hin- und herreisen.

Es existieren fließende Übergänge zwischen den Dimensionen auf Erden. Mancherorts ist eine dichtere Schwingung präsent, andernorts eine höhere. Wir betonen, dass keine Schwingungsfrequenz als Besser oder Schlechter zu werten ist. Eine Schwingungsfrequenz erfüllt ihre Resonanz. Sobald sie nicht mehr notwendig ist und alle Menschen auf Erden die Erfahrung, die sie auf dieser Frequenzebene erleben wollten, durchlaufen haben, sobald diese Frequenzebene für niemanden mehr notwendig ist, verändert sie sich.

Die Frequenzebenen auf Erden entstehen in Co-Kreation mit euch Menschen, um das Spektrum eurer Bedürfnisse zu erfüllen. Jede Schwingungsfrequenz ermöglicht euch ein bestimmtes Erfahrungsspektrum. Auch während unserer jeweiligen Inkarnationen existierten verschiedenste Schwingungsfrequenzebenen, und wir genossen die gesamte Palette und Bandbreite!

Es besteht eine Wechselwirkung zwischen dem Bewusstsein an einem Ort und der dortigen Schwingung. Erhöhen die an einem Ort lebenden Menschen ihre Bewusstseinsschwingung, zum Beispiel durch Meditation, Mitgefühl, spirituellen Dienst, spirituelles Studium, Vergebung, Innenschau, ihre Genesung auf körperlicher, geistiger, spiritueller oder emotionaler Ebene, durch ihre täglichen Gedanken, Gefühle, Handlungen und Interaktionen, erhöht sich die Frequenz dieses Ortes.

Auch kann die Frequenz eines Ortes erhöht werden, wenn dort zum Beispiel Bäume gepflanzt werden, Gebete, Meditationen und Zeremonien der Heilung stattfinden, wenn bestimmte Klangfrequenzen präsent sind, wenn die Erde akupunktiert wird. Oft geht der physischen Heilung, der physischen Schwingungserhöhung, die energetische Heilung, die energetische Schwingungserhöhung, voraus.

In Zeiten, in denen ihr der physischen, mentalen, emotionalen, spirituellen oder energetischen Heilung bedürft, kann ein Ort, der höher schwingt als euer alltäglicher Aufenthaltsort, sehr zu eurer Genesung beitragen.

In Zeiten, in denen eure Schwingung hoch ist, in denen ihr euch kraftvoll fühlt, könnt ihr der Erde dienen, indem ihr Orte besucht, deren kollektives Bewusstsein darum bittet, Unterstützung in ihrer Schwingungserhöhung zu empfangen.

An diesen Orten könnt ihr auf die Art und Weise dienen, bei der es euch leicht fällt, die Schwingung zu erhöhen. Vielleicht betet ihr, meditiert oder verbreitet auf die euch ureigenste Weise hochschwingendes Bewusstsein.

JE höher die Schwingung eines Ortes, desto schneller manifestieren sich eure Gedanken und Gefühle auf physischer Ebene.

JE höher die Schwingung des Ortes, an dem ihr euch aufhaltet, desto wichtiger ist es, eure Gedanken- und Gefühlswelt zu meistern.

Erhöht ihr die Schwingung eures Zuhauses, erhöht sich die Manifestationskraft dieses Ortes. Die Schwingung eines Ortes ermöglicht das dort stattfindende Erfahrungsspektrum.

Hat eine Gegend, ein Land, ein Kontinent, ein Planet eine bestimmte Schwingungsfrequenz erreicht, so wird es dort daraufhin beispielsweise nicht mehr möglich sein, dass kollektives Hungern oder kollektive Gewalt stattfinden. Daher ist das Erhöhen der irdischen Schwingung durch den Dienst, der eurem Herzen am nächsten ist, ein so unbeschreiblich wichtiger Beitrag auf Erden!

Je mehr euer Dienst aus eurem Herzen strömt, je mehr ihr euren Dienst mit eurer ganzen Liebe verrichtet, desto mehr tragt ihr zur Schwingungserhöhung bei. Sollte euer Herz höher schlagen, wenn ihr Bäume pflanzt, so bitten wir euch: Pflanzt Bäume. Sollte euer Herz höher schlagen, wenn ihr die Hungernden nährt, so bitten wir euch: Nährt die Hungernden. Sollte euer Herz euch rufen, Instrumente der Heilung sein zu dürfen, so bitten wir euch: Beschreitet den Weg, der den bestmöglichen Heiler, der zu sein ihr in der Lage seid, aus euch hervorbringt, und schenkt euren Nächsten diesen Dienst.

Inniglich bitten wir euch: Folgt dem Ruf eures Herzens. Eine Frau, die vielleicht „nur" ihr Kind großzieht, dies aber mit ihrer ganzen Liebe tut, erhöht die Schwingung mehr als eine Frau, die

Tausenden hilft, deren Herz aber nicht dort ist, wo ihre Füße wandeln. Euer Dienst erblüht dann in seiner größten Herrlichkeit, wenn er von eurem liebenden Herzen beflügelt ist. Durch jeden Menschen, der dem Ruf seines Herzens folgt, erhöht sich die Schwingung des Ortes, an dem dieser Mensch wandelt, und somit die Schwingung der Erde.

Allein durch deine innerliche Schwingungswandlung
bist du in der Lage, die Schwingungsfrequenz
deiner Umgebung zu erhöhen.

Dies potenziert sich durch die zusätzliche Schwingungserhöhung, die durch dein Handeln entsteht. Dies potenziert sich wiederum, wenn du dich mit dem schwingungserhöhenden Gruppenbewusstsein verbindest, losgelöst davon, ob sich die Gruppe deiner Gleichgesinnten bei dir vor Ort befindet oder nicht. Denn die Manifestationskraft wird durch die Liebe eures Herzens generiert, losgelöst davon, wo auf Erden sich dieses Herz befindet.

Durch dein Bewusstsein, deine Meditation, deinen Dienst, durch die durch dich und euch entstehende Schwingungserhöhung trägst du direkt zur sinkenden Kriminalitätsrate deiner unmittelbaren Umgebung und auch des Planeten, auf dem du lebst, bei, denn je mehr sich die Schwingung erhöht, desto mehr verändert sich die Schwingung aller Geschehnisse auf Erden.

Durch die Liebe, die deinem Herzen entströmt, verhilfst du deinem Nachbarn zu einem höher schwingenden Leben. Vielleicht lebst du inmitten einer großen, anonymen Stadt und kennst den Namen deines Nachbarn nicht, dennoch versüßt du jedes Mal sein Leben, wenn du meditierst, ein Gedicht schreibst, mit glücklichem

Herzen eine Spende gibst, dich verliebt hast oder dich in ein Gebet vertiefst. Je besser es dir geht, je glücklicher du bist, je erfüllter du lebst, desto mehr hilft dein bloßes Sein der Schwingung der Erde.

Dies potenziert sich durch die liebenden Herzen, Hände und Handlungen all derer, die du auf deinem Lebensweg berührt hast, durch die du berührt wurdest und zu deren Lebenstransformation du beigetragen hast, so, wie sie zu deiner beitrugen, oft ohne dass dir das Ausmaß deines Dienstes bewusst war.

Du ließest es zu, dass in deinem Herzen eine Flamme entzündet wurde, eine Flamme der Hoffnung, eine Flamme der Liebe, eine Flamme spirituellen Erwachens. Durch die Berührung mit dir entflammten andere Herzen, die nun, während du ruhst und diese Zeilen liest, wiederum andere Herzen zum Leuchten bringen und weitere Hände inspirieren, liebenden Dienst zu tun. Dies geschieht, während du wachst und während du schläfst. Du bist Teil dessen, ohne dass es notwendig wäre, dich anzustrengen.

Die Erde ist im Prozess ihres Aufstiegs.

Manche Orte, Städte, Länder oder Kontinente haben ihre Schwingung bereits mehr erhöht als andere. Dies ist kein Wettlauf. In einem Jahr wird sich die Dynamik wieder verändert haben. Wellen der Schwingungserhöhung ziehen über diesen Planeten. Mal findet hier, mal dort ein kollektives Erwachen statt.

Manche Orte haben eine weitere Wegstrecke vor sich als andere. Das bedeutet keineswegs, dass die dort lebenden Menschen in ihrem Bewusstsein weniger entwickelt wären als die Menschen, die an Orten leben, die schon sehr hoch schwingen. Vielleicht haben sich gerade an den dicht schwingenden Orten besonders kraftvolle, motivierte, aus ganzem Herzen dienen wollende Seelen inkarniert, um den Ort ihrer Wahl auf allen Ebenen in die Höhe zu heben.

Vielleicht empfindest du den Ruf innerhalb deines Herzens, einen Ort, der derzeit noch dichter schwingt, zu unterstützen; einen Ort, an dem viele Menschen hungrig sind, frieren, dürsten, obdachlos sind, einen Ort, der von Krieg gepeitscht ist oder an dem du die Menschen als unterdrückt empfindest.

Auch aus der Ferne kannst du Lichtbrücken für diesen Ort und die Menschen, die dort wohnen, bauen. Entlang dieser Lichtbrücken reisen wir und arbeiten mit euch Menschen zusammen. Die Lichtbrücken entstehen, wann immer du aus tiefstem Herzen für diese Orte und die dortigen Menschen betest und Licht visualisierst, sie ins Licht hüllst.

Dieses Licht erhöht die Schwingung, und diese erhöhte Schwingung baut energetische Brücken, energetische Magnete; Magnete, die Hilfstrupps, Nahrung, Heilung, Erlösung auf physischer Ebene manifestieren.

Jede Heilung,
jeder Aufstieg
beginnt energetisch.

Am kraftvollsten ist euer Dienst, wenn er ganzheitlich ist. Wenn ihr betet, meditiert, visualisiert, affirmiert und dies auf physischer Ebene ergänzt. Sei es durch das Pflanzen eines Baumes oder durch die Spende für das Pflanzen eines Baumes, sei es dadurch, dass ihr Saatgut, Hühner, einen Esel, eine Kuh schenkt, sei es, dass ihr den

Bau eines Genesungshauses oder einer Schule unterstützt.

VIELLEICHT bist du heute selbst noch nicht so sehr in der Fülle, wie du es gerne wärst und es einmal sein wirst.

VIELLEICHT würdest du gerne den Bau einer ganzen Schule finanzieren, doch es fehlen dir die Mittel.

VIELLEICHT hast du die Mittel, 100 Bleistifte zu spenden. Und wir sagen dir: Diese 100 Bleistifte haben eine Energie, die kraftvoller ist, als dein Verstand es jemals zulassen würde. Mit einem dieser 100 Bleistifte hat ein Kind die Chance, das Schreiben zu erlernen, und dieses Kind – weißt du, welche Veränderung es in der Welt bewegen wird?

Und dein Bleistift,
dein Bleistift
war Teil dieser Veränderung.

Dein Bleistift, mit deiner Liebe, deiner Bewusstheit, deinem Vertrauen, deinem Mut zum ersten Schritt geschenkt, dein Bleistift, gemeinsam mit deinem Gebet, deiner Meditation, deinem Licht ...

Geliebte Seele, nie haben wir dich gebeten, die Schwingung der ganzen Welt alleine zu erhöhen. Wir ermuntern dich lediglich: Tue deinen Teil, den Teil, der dein Herz zum Lachen bringt, und dann

lehne dich immer wieder zurück
und genieße die Reise!

Das Gleichnis der Reben

Du beschreitest deinen Lebensweg. Vielleicht sind auf diesem Weggabelungen enthalten. Es können viele, aber auch wenige sein. An manchen dieser Weggabelungen hast du vielleicht zwei, an anderen drei, an wieder anderen mehrere Entscheidungsmöglichkeiten bezüglich der Frage, wo du abbiegst, wie schnell oder langsam du voranschreitest, ob du umdrehst und einen anderen Pfad zu beschreiten beginnst usw.

Manche Pfade liegen in Geradlinigkeit vor dir, bei anderen handelt es sich um verwundene Pfade. Der eine Weg ist steinig, schlammig, hügelig, ein anderer gebirgig, manchmal wandelst du nahe am Abgrund, Geröll sich unter deinen Füßen lösend. Mancher Pfad ist in mysteriösen Nebel gehüllt, ein anderer Weg erweckt den Eindruck, es sei erkennbar, zu welchem Ziel er führt, während wieder ein anderer dieses Ziel in Verborgenheit ruhen lässt.

Welche Entscheidungen triffst du an diesen Weggabelungen, und in welchem Bewusstsein schreitest du entlang deiner Wegstrecke?

Verfolgst du ein Ziel, vergleichbar mit einem Bogenschützen, der vielleicht geradlinig ins Schwarze zu treffen visiert?

Ist die Reise für dich ein einziges großes Abenteuer, über das du dir bewusst keine Gedanken machen möchtest, um die Überraschungen des Moments zu genießen?

Wanderst du mit einer Landkarte, mit einem Kompass oder geführt durch deine Intuition?

Wie reagierst du, wenn ein Vorbeischreitender dich vor der bevorstehenden Wegesstrecke warnt, dich warnt, du mögest umdrehen, es sei zu gefährlich und sinnlos, denn das Ziel sei unerreichbar?

Pfeifst du ein Lied, während du deines Weges gehst? Wiegt der Reiseproviant schwer auf deinen Schultern, oder wanderst du ohne Gepäck, in dem Vertrauen, am Wegesrand immer Speis und Trank zu finden?

Lauschst du dem Zwitschern der Vögel, dem Rauschen des Baches, dem Pfeifen des Windes, riechst du den Frühlingsduft, die Frische des Waldes, den süßlichen Duft der Blumen und Sträucher? Nimmst du das Streicheln des Windes wahr, der deine Haut und dein Haar liebkost?

Oder eilst du voran, nicht links und rechts blickend, dein Ziel nicht aus den Augen verlierend, um noch vor der Dämmerung einzutreffen und dein Lager aufzuschlagen?

Wer bist du, der Wanderer?

Schreitest du allein, auf dich gestellt oder in Verschmelzung?

Bist du eins mit dem Pfad? Wirst du zu dem Pfad, den du beschreitest, als der du beschritten wirst?

Aus welchem Ort heraus wählst du den Pfad, triffst du deine Entscheidung?

Lässt du dich ein auf diesen Pfad, lässt du dich durch ihn formen, wird dein „Ich" zu einem neuen „Ich", das niemals geformt und geboren hätte werden können, ohne durch die Einzigartigkeit dieses begangenen Pfades ins Leben gerufen worden zu sein?

Dürfen die Regentropfen, die deine Haut benetzen, die Düfte, die du atmest, die Zweige, die dein Haar streicheln, die Farben, die Klänge, die Menschen, deren Weg du kreuzt und die deinen Weg kreuzen, dir neue Gesichtszüge schnitzen, dürfen sie ein Gemälde in deinem Gesicht hinterlassen, das von einer weisen Frau gelesen, gedeutet werden und das eine eigene Geschichte erzählen könnte, die noch Jahrhunderte später von den folgenden Generationen am Lagerfeuer weitergegeben werden kann?

Wie begegnest du dem Fremden, der Freund oder Feind sein könnte, der dich ausrauben oder aber den Gesang seines Herzens mit dir teilen könnte? Wie berührt dich der Bettler am Straßenrand – oder hast du ihn nicht gesehen?

Wie formst du die Welt, die dir begegnet, wie lässt du dich von der Welt formen, der du begegnest?

Hältst du inne, wenn ein auf der Suche befindliches Augenpaar deine Blicke kreuzt?

Suchst du einen Sinn? Hinterfragst du dich? Oder versinkst du in dem Fuß, der den feuchten Waldboden berührt?

Triffst du deine Entscheidung aufgrund der Wegestrecke, um schnellstmöglich dein Ziel zu erreichen, oder fließt sie ein, ohne dass du nachgedacht hast?

Aus welcher Quelle schöpfst du bei jeder deiner Entscheidungen?

Genießt du die Reise? Fühlst du dich vom Leben getragen?

Wer trägt dich? Wie wirst du getragen?

Vielleicht erlebtest du auf deiner Lebensreise manches Mal, dass dein Ziel geradezu zu dir getragen wurde, dass das Herz des gesamten Universums zu pochen schien, um dich deinem Ziel näherzubringen. Vielleicht fühltest du dich in diesen Phasen und Momenten von der gesamten Existenz liebkost und unterstützt.

Noch bevor du einen Wunsch hast wünschen können, war er bereits geschehen, noch bevor dir ein Bedürfnis bewusst werden konnte, war es bereits erfüllt, noch bevor dir dein Ziel selbst bewusst werden konnte, war es bereits erreicht.

Und vielleicht gab es auf dieser deiner Lebensreise auch Phasen, in denen du von dem Gefühl heimgesucht wurdest, die ganze Welt hätte sich gegen dich verschworen, alle Herzen seien dir gegenüber erkaltet, und je mehr du dich bemühtest, auch im Angesicht aller Widrigkeiten weiterhin tapfer dein Ziel anzuvisieren, desto mehr schien es sich von dir zu entfernen.

In dieser Phase wurde deine Erschöpfung vielleicht von Tag zu Tag tiefer, dein Körper tagtäglich schwächer, und wann immer es nicht mehr möglich erschien, dass das Leben noch schwerer und mühevoller werden könnte, geschah dennoch genau dieses: Es wurde noch schwerer, noch mühevoller.

VIELLEICHT weintest du in diesen Tagen bittere Tränen.

VIELLEICHT schworst du ewige Tapferkeit.

VIELLEICHT bissest du alle Zähne zusammen, vielleicht kämpftest du entschlossen weiter.

VIELLEICHT gab es dir sogar ein Gefühl einer gewissen Lebendigkeit, gegen den Strom zu schwimmen, dir, dem Leben und deinen vermeintlichen Widersachern deine nie zu versiegenden Kräfte unter Beweis zu stellen.

VIELLEICHT kollabiertest du. Vielleicht auch nicht.

VIELLEICHT formten die Herausforderungen dich zu einem besseren Menschen, vielleicht geschah das Gegenteil.

So sie vorhanden waren, wuschen dich die Herausforderungen, warfen Fragen auf. Oft nur eine einzige Frage, nur ein einziges Wort.

„WARUM"?

Für viele von euch war es ein schmerzhaftes „Warum", ein bohrendes „Warum", ein herzzerreißendes „Warum". Für einige wurde dieses „Warum" im Bereich romantischer Beziehungen aufgeworfen, für andere im existentiellen Bereich, gesundheitlich oder finanziell, für wieder andere in anderen Bereichen oder sogar in beinahe allen Lebensbereichen. Und ihr fragtet euch:

WARUM? WARUM? WARUM?

Hattet ihr euch doch so sehr angestrengt, so sehr bemüht. Es schien nicht fair. Hatte Gott denn kein Herz?

Vielleicht hattet ihr gebetet, meditiert, spirituelle Pilgerreisen unternommen, heilige Stätten und spirituelle Lehrer aufgesucht und keine Kosten und Mühen gescheut, doch es wurde und wurde nicht besser.

Manchmal schien alles sogar nur schlimmer zu werden, je mehr ihr euch bemühtet. So, als gäbe es eine unsichtbare Quelle, die geradezu wollte, dass ihr scheitert, die sich euch in den Weg zu stellen schien.

Je mehr ihr euch bemühtet zu verstehen, desto unverständlicher wurde es vielleicht. Je mehr ihr nach Antworten suchtet, desto weniger schien es einen Sinn zu ergeben.

Wir flüsterten.
Vielleicht hörtest du uns,
vielleicht auch nicht.

Wir flüsterten auch über das Sprachrohr anderer Menschen. Vielleicht hörtest du uns auf diesem Weg, vielleicht aber auch nicht. Es gibt viele Wege, eine Antwort auf dieses „Warum" fließen zu lassen. Lass es uns nun auf diesem Weg ausdrücken.

Innerhalb der vergangenen 2000 Jahre hat sich vieles verändert, während einige der innersten Fragen der Menschen den damaligen auch heute noch gleichen. Vielleicht sind neue Fragen hinzugekommen, oder eine Seelengruppe beziehungsweise mehrere Seelengruppen haben ihre Antworten bekommen, und jüngere

Seelengruppen folgten nach, um die gleichen Fragen zu stellen, während sich ihre Vorgänger zur Beantwortung neuer Fragen bewegten. Die Grundfragen des menschlichen Weges sind noch immer präsent.

Und schon vor knapp 2000 Jahren hat einer von uns, der hier und jetzt präsent ist und dich überleuchtet und begleitet, auch während du diese Zeilen liest, diese Frage beantwortet, denn es ist eine Frage, die die Menschen schon seit vielen Jahrtausenden immer wieder beschäftigt.

Es zuzulassen, dass Antworten auf diese Frage, auf dieses „Warum" in dein Herz einfließen dürfen, betrachten wir als ebenso transformativ und kraftvoll wie das Empfangen des passenden Schlüssels, um eine Gefängnistür zu öffnen, hinter der du dich seit langem befinden könntest.

Dürfen wir dir den Schlüssel reichen?

Damals schon, vor beinahe 2000 Jahren, habt ihr von jemandem aus unseren Reihen ein kraftvolles Gleichnis zur Beantwortung eben dieses „Warum" erhalten.

Da dieses „Warum" eine solch starke, eine solch immerwährende Präsenz innerhalb des menschlichen Kollektivbewusstseins eingenommen hat, möchte ich, der ich damals sprach und euch eine Geschichte erzählte, der viele weitere meiner Geschichten folgten, noch einmal, dieses Mal durch dieses Medium sprechend, die Essenz dieser Geschichte zuflüstern, und ich bitte euch, euer „Warum" von ihr nähren zu lassen.

Damals lebte ich, der ich mehr als einen Namen trage, in einem sonnigen Land, in dem der Weinbau praktiziert wurde, sodass die Menschen mit diesem und den Bedürfnissen der Weinstöcke vertraut waren. Die Weinstöcke, die Weinreben gehörten zum Alltag vieler Menschen meiner damaligen irdischen Heimat.

Es war den Menschen meiner Zeit bewusst, dass diese Reben vieler Stunden der fürsorglichen Pflege bedurften, um zu gedeihen.

Für viele Menschen dieses sonnigen Landes präsentierte sich das Leben in einer gewissen Härte, in einer gewissen Kargheit, und so empfing der Wein eine hohe Wertschätzung, sie während gelegentlicher Festivitäten zu erheitern und zu erfreuen, denn zu dieser Zeit waren ihrer Freuden nicht viele.

So wählte ich damals diese jedem bekannte Reben, um mein Empfinden dem Fluss und den Gesetzmäßigkeiten des Lebens gegenüber Ausdruck zu verleihen.

Und ich bitte auch dich, dich und dein Leben für einige Momente als Weinstock zu visualisieren.

Siehst du sein Sprießen?

Spürst du seine Lebendigkeit?

Siehst du seine vielen kleinen, noch unfertigen, der Sonne und des Regens bedürftigen Reben?

Empfindest du seine ekstatische Freude, diese Reben hervorzubringen, seine Freude ob der Süße dieser Früchte? Seine Freude ob der Freude, die sie anderen bescheren würden?

Empfindest du seine Hingabe, sein Vertrauen an den Winzer, der in diesem Fall die Göttliche Quelle verkörpert?

Seine Hingabe an jene Göttliche Quelle, die seines Wunsches gewahr ist, die süßesten Früchte zu tragen, aus übersprudelnder Liebe heraus, aus übersprudelnder Liebe zur Existenz?

Kannst du die Liebe zum Leben dieses Weinstocks empfinden, der diese Früchte aus der Reinheit seiner Liebe hervorbringen möchte?

Während du dich als diesen Weinstock visualisierst, frage ich dich: Welche deiner wahren Träume und Visionen sind deine wahren Reben?

Wie wäre es, wenn es dein höchster Wunsch wäre, diese Reben hervorzubringen?

Wie wäre es, wenn nichts in deinem Leben von größerer Wichtigkeit wäre, als eben diese Reben in ihrer saftigsten Süße hervorzubringen?

Welche Träume, welche Sehnsüchte, welche Vision, welcher innerer Ruf in deinem Leben sind deine Reben?

Kannst du ihre Süße schmecken? Kannst du sie auf der Zunge zergehen lassen?

Wie wäre es, wenn du einmal von der Süße dieser Reben gekostet hättest?

Wie wäre es, wenn du wüsstest, dass diese Reben nur dann gedeihen könnten, wenn die gesamte Präsenz des Weinstocks sich ihnen widmete?

Würdest du den Winzer, die Göttliche Quelle, bitten, alle anderen Zweige zu beschneiden, damit die, an denen die Reben befindlich sind, gedeihen mögen?

Ja, kannst du dir vorstellen, dass du die Göttliche Quelle, den Winzer, schon im Vorfeld gebeten hast, alle anderen Zweige zu beschneiden, bis auf jene, die die Früchte deiner wahrhaftigen Erfüllung tragen?

Ja, kannst du dir sogar vorstellen, dass du die Göttliche Quelle, den Winzer, gebeten hast, alle Zweige, an denen nicht deine höchsten Wünsche und Sehnsüchte wuchsen, auch dann zu beschneiden, wenn du vielleicht versehentlich deine höchsten Sehnsüchte vergessen hattest?

Kannst du dir vorstellen, dass die Göttliche Quelle daraufhin in jedem Fall die Zweige beschnitt, die fruchtlos waren, auch dann, wenn du diese beiden nicht mehr voneinander unterscheiden konntest, weil du deine spirituellen Sehnsüchte vielleicht vorübergehend vergessen hättest?

Empfindest du die Hingabe des Weinstocks an den Repräsentanten dieser Göttlichen Quelle? Sein vollkommenes Vertrauen? Seine Hingabe an seinen höchsten Sinn, an das Hervorbringen dieser göttlichen Früchte?

Empfindest du sein Vertrauen, das so groß ist, dass es der Göttlichen Quelle auch dann im Beschneiden der anderen Zweige vertrauen würde, wenn er sie zuvor noch gar nicht darum gebeten hätte? Dies geschähe aus seinem vollkommenen Einheitsbewusstsein heraus, dass es keinerlei Trennung gibt zwischen ihm und der Göttlichen Quelle, zwischen ihm und der gesamten Existenz.

Empfindest du seine Hingabe, sein Vertrauen, seine Verschmolzenheit mit der Göttlichen Quelle, die so inniglich ist, dass er sich ihr und ihrer Fürsorge ob des Sprießens seiner Früchte in aller Vollkommenheit und Totalität hingibt?

Empfindest du seine Einheit mit dieser Quelle?

So du der Weinstock bist, betone ich: Nicht DU wirst beschnitten, keineswegs ist es so, dass Teile deines Selbst von dir entfernt werden, dass eine Trennung in dir entsteht, dass ein niederer Teil deines Selbst sterben muss, damit ein Höherer erblühen und Früchte tragen kann.

Das Beschneiden bezieht sich lediglich auf die Wege und Weggabelungen deines Lebens, die dich von deinen wahren Visionen entfernen würden. Eine vermeintliche Weinrebe, die keine Früchte trägt, stellt sich auf dem Weg deines Lebens als Sackgasse heraus und würde durch die göttliche Beschneidung als solche identifiziert.

Das Beschneiden der fruchtlosen Reben gleicht den Zeichen, dem Flüstern am Wegesrand: „Biege links ab, nicht rechts, dieser Pfad führt dich lediglich auf verdorrten Boden, auf dem nichts sprießen wird außer Dornenhecken, die dich zerkratzen würden.

Wird ein Ast, der keine Früchte trägt, beschnitten, um deine Aufmerksamkeit auf einen Früchte bringenden Ast zu lenken, erfährst du innerhalb deines Lebens vielleicht einen Wink des Schicksals.

Ein potenzieller Partner, den du dir inniglichst in deinem Leben wünschst, entscheidet sich vielleicht, seinen Weg an der Seite einer anderen Frau zu gehen.

Vielleicht weinst du bittere Tränen, zweifelst an allem, was du bisher geglaubt hast, und beschuldigst Gott, uns, das Leben, deine Gebete überhört zu haben, und unbemerkt von dir ist eure nie stattfindende Beziehung der größte Segen, von dem du hast beschert werden können.

Der Zweig wurde beschnitten, das Leben verwehrte es dir, in eine Sackgasse abzubiegen, das Leben ersparte dir Kummer und Schmerz, noch bevor gewisse Erfahrungen sich abzeichnen konnten. Du wurdest im Vorfeld beschützt.

VIELLEICHT umgingst du die Erfahrung, jahrelang betrogen zu werden.

VIELLEICHT, dich mit einer ansteckenden Krankheit zu infizieren.

VIELLEICHT war es von größter Wichtigkeit, ohne Partner um die nächste oder übernächste Weggabelung zu biegen, um an dieser deinem wahren Seelengefährten zu begegnen und diesen zu erkennen, oder um Erkenntnisse zu finden, Entwicklungsstufen zu durchlaufen, die dir in dieser Zeit einzig der Alleingang ermöglichte.

VIELLEICHT wolltest du im Land deiner Träume leben, bekamst jedoch kein Visum, keine Aufenthaltsgenehmigung, und indem du dann ein anderes Land wähltest, das nicht das deiner Sehnsüchte war, offenbarte sich eine neue Möglichkeit, die für deine Seele, für dein Leben, für deine Erfüllung und Glückseligkeit unendlich wichtig war.

VIELLEICHT sehntest du dich nach einem ganz bestimmten Studienplatz, der dir immer wieder verwehrt zu sein schien, und auf diese Weise flüsterte die Sprache des Lebens dir ein, dass ein anderer Berufsweg dich in diesem Leben deiner Erfüllung näherbringen könnte.

Kannst du vertrauen, dass Gott einen anderen Plan hatte, einen höheren Plan, einen für dich nährenderen Plan, damals, als das, worum du so sehr gebeten hattest, nicht geschah?

Nicht DU wurdest beschnitten, sondern dein Weinstock, nicht DU wurdest beschnitten, sondern so sanft, wie es nur möglich war, wurdest du auf den Weg geführt, den deine Seele zu erfahren erbeten hatte.

Vielleicht hattest du auf bewusster Ebene deine Bitte vergessen.

Manche von euch schlagen geradezu um sich, kratzen, beißen, schimpfen und fluchen innerlich, wenn sie auf ihren Weg geführt werden, andere geben sich hin. Oft lernen diejenigen, die kratzen und beißen, schimpfen und fluchen, durch Schmerz. Nicht weil Gott ihnen Schmerz zufügt, sondern weil sie versehentlich anecken, während sie um sich schlagen.

Diejenigen von euch,
die sich dem Weg hingeben,
lernen durch göttliche Gnade.

Hingabe, Akzeptanz und Vertrauen sind wahrhaftige Gnade.

Vielleicht ist dir zu dem Zeitpunkt, an dem der Zweig, der keine Reben trug und geschnitten wird, nicht bewusst, dass du Wegweiser empfängst, dass die Göttliche Quelle deine Herzensgebete auch dadurch unterstützt, indem dir manche Wünsche, die wie Herzenswünsche wirkten, verwehrt zu bleiben scheinen, weil sie deinem Höchsten nicht dienen. Solltest du momentan innerhalb deines Lebens Schmerz erfahren oder gelegentlich von dem

Gefühl heimgesucht werden, nicht das zu empfangen, wonach du dich so sehr sehnst, lautet unsere Frage an dich:

- Wohin könnte das Leben, wohin könnte Gott dich führen wollen?
- Gibt es eine Richtung, in die das Leben dich tragen möchte, gegen die du dich bewusst oder unbewusst wehrst?
- Wohin würde das Leben dich tragen, wenn du nicht dagegen kämpfen würdest?
- Welche deiner Reben würde der Winzer des Lebens nähren?
- Welcher nur vermeintlich Früchte tragende Zweig wurde beschnitten, welcher Zweig, der vielleicht lediglich die sauersten Früchte hervorgebracht hätte?

Vielleicht war der Zweig, in den du alles, sogar dein Leben riskiert hättest, ein fruchtloser Zweig, der in der Mittagshitze verdorrt wäre, ohne etwas zu hinterlassen außer dem faden Nachgeschmack bitterer Enttäuschung?

- Wie wäre es zu wissen, dass die Göttliche Quelle dich so unendlich liebt, dass sie dein Leben fließen und gedeihen lässt, wann immer du den Weg beschreitest, auf dem du die süßen Früchte nährst und deinen Visionen Schwingen verleihst?
- Wie wäre es zu wissen, dass die Göttliche Quelle dich so unendlich liebt, dass sie dir Zeichen schickt, Wegweiser, Botschafter, vermeintliche Erschwernisse, wann immer du den Zweig zu nähren beginnst, der dich durch seine Fruchtlosigkeit enttäuschen würde, wann immer du den Weg beschreitest, den du nicht aus deinem Hohen Selbst heraus gewählt hast, sondern aus einem Moment der temporären Verblendung?

- Wie wäre es, dem göttlichen Gärtner zu vertrauen, dich diesem hinzugeben? Wie wäre es, eins zu werden mit jener göttlichen Gärtnerin und gemeinsam mit ihr die Ernte deines Seins zur vollkommenen Blüte, zur vollkommenen Reife zu bringen?
- Welche Rebe, welche Trauben deines in vielen Farben schimmernden Potenzials möchte die Quelle deines Seins mit der Quelle allen Seins durch dich manifest werden lassen?
- Kannst du die Wege, die versperrt gewesen schienen, loslassen, in dem Vertrauen, in dem Wissen, dass sie nicht die Frucht getragen hätten, die deine Sehnsucht gestillt hätte?
- Kannst du in der Stille deiner Innenschau den Unterschied erkennen? Den Unterschied zwischen der Erfüllung einer scheinbaren Sehnsucht und wahrhaftiger Erfüllung?
- Gelingt dir dieses, kann es dir deine Entscheidung bei der nächsten Gabelung deines Weges erleichtern.

Nun fragst du dich vielleicht:

Wenn Gott und das Leben uns dadurch den Weg weisen, dass die Wege, die uns nicht bestimmt sind, versperrt oder zumindest spürbar erschwert werden und die Wege, die uns unserer Bestimmung näher bringen, genährt werden, warum nur habe ich es dann vor Zeiten so schwer gehabt?

Warum war mein Weg so steinig, so unendlich mühsam?

Aus mehreren Gründen heraus kann dein Weg steinig, ja, gar felsig gewesen sein.

VIELLEICHT hast du die Zeichen übersehen, dass der Weg, den du gewählt hast, zwar ebenso göttlich, jedoch schwieriger sein könnte?

VIELLEICHT sind dir Zeichen gesandt worden, einen anderen Weg zu beschreiten, jedoch hast du diese nicht gesehen, wolltest sie nicht sehen?

ALLE Wege führen dich an dein Ziel.
Alle Wege führen zu Gott.
Alle Wege sind göttlich.

Somit erübrigt sich die Frage, ob du ankommen wirst oder nicht.

Somit erübrigt sich die Frage, ob du den richtigen Weg finden wirst oder nicht.

Folgende Frage wird sich vielleicht stellen:

Welcher Weg ist der leichteste?

Entlang welchen Weges kannst du durch göttliche Gnade, nicht durch Schmerz, harte Lektionen oder Karma lernen?

Sobald du dich bereit erklärst, durch Hingabe, durch göttliche Gnade zu lernen, kann dein Leben leichter werden. Die einzig notwendige Voraussetzung ist, dass du bereit bist, auf die Zeichen, auf die kleinen flüsternden Wegweiser zu hören.

Oft zeigt sich der leichtere Weg durch das leisere Flüstern.

Manchmal wirkt der leichtere Weg weniger spektakulär, weniger abenteuerlich, manchmal ist er weniger geschmückt. Es ist weniger Glanz mit dem leichteren Weg verbunden.

VIELLEICHT wirkte daher der schwerere Weg anziehender auf dich?

VIELLEICHT war er trotz seiner Herausforderungen genau der Weg, den du erfahren wolltest, um den Juwel deiner Seele in seinem ganzen Glanz erstrahlen zu lassen?

VIELLEICHT hast du damals, bevor du einen Leidensweg begonnen hast, Zeichen empfangen, welcher der Wege deiner Möglichkeiten der leichtere sein würde?

VIELLEICHT hat deine Seele „Ja" gesagt, um eine andere Seele in den Erfahrungen, die sie zu sammeln wählen würde, zu unterstützen. Aus Liebe zu dieser Seele wolltest du ihr beistehen, auch dann, wenn dies für dich Schmerz bedeuten könnte.

VIELLEICHT hat deine Seele entschieden: In kürzester Zeit möchte ich größtmögliches spirituelles Wachstum erfahren, auch wenn mich diese Entscheidung auf den steinigsten aller Wege führen sollte.

VIELLEICHT hast du einen Weg gewählt, der dich deine wahre Größe, dein wahres Potenzial erkennen ließ?

Verwurzelt in dem Wissen um die Richtigkeit und Wahrhaftigkeit deines einzigartigen Weges möchten wir dir sagen:

Du bist den richtigen Weg gegangen.

DIESER WEG wusch dich, taufte dich, erschuf den Menschen, der du dadurch werden konntest.

DIESER WEG brachte dich der Erfüllung und Bestimmung deiner Seele näher.

Manchmal kann auch genau der schwere Weg es sein, der die süßesten Trauben hervorbringt. Immer hat deine Seele eingewilligt, diesen zu beschreiten.

Immer bist du frei,
ab dem jeweiligen Moment
eine neue Entscheidung zu treffen.

Manche Seelen erfüllt es nicht, von Anfang an den leichtesten Weg zu beschreiten.
Sie befürchten, etwas zu verpassen.

SIE sehnen sich nach Herausforderungen, Mutproben.
SIE möchten ihre irdischen Kräfte erfahren und messen.
SIE möchten sich zu irdischen Helden krönen lassen.
SIE möchten intensive Emotionen erfahren usw.

Irgendwann aber kommt der Tag, an dem sie bereit sind, den leichteren Weg zu beschreiten und durch göttliche Gnade zu lernen.

Vielleicht ist heute für dich dieser Tag gekommen, nachdem du eine lange abenteuerliche Reise hinter dich gebracht hast, auf der du Dank der vielseitigen Herausforderungen die Facetten dessen, der oder die du bist, hast kennenlernen können.

Jederzeit bist du frei, dich ab diesem Moment für den Weg der göttlichen Gnade, für den leichteren Weg zu entscheiden.

Verlangsame.

Betrachte die Zeichen.

Nimm dir die Zeit, behutsam dem Flüstern innerhalb deines Herzens zu lauschen.

AB HEUTE können deine Entscheidungen dich auf den Weg führen, auf dem du göttliche Gnade erfährst.

Die Löwin

Unendlich viele Wege führen den Berg hinauf. Unendlich viele Wege kannst du wählen, und während du innehältst und über den bereits zurückgelegten Weg, über die bevorstehenden Unendlichkeiten an Möglichkeiten sinnierst, überkommt sie dich vielleicht auf leisen Pfoten: die Löwin der Angst, an der „falschen" Weggabelung abgebogen zu sein, die Angst, die „falsche" Entscheidung getroffen zu haben und dadurch nun etwas zu verpassen oder eine weniger glückliche Zukunft manifestiert zu haben.

Vielleicht wirkt sie bedrohlich, stärker als du, so, als könnte sie dich mit einem einzigen Prankenhieb vernichten, diese Löwin – jedoch sehnt sie sich danach, von dir gezähmt zu werden, um sich dir schnurrend zu Füßen zu legen.

Vielleicht sinnierst du, blickst zurück entlang deines Weges, hältst an den wichtigsten Weggabelungen noch einmal inne und sinnierst, wie es gewesen wäre, wenn ...

- Wäre ich nur mutiger gewesen.
- Hätte ich mich nur schneller entschieden.
- Hätte ich nur Ja gesagt.
- Warum habe ich nicht gewartet?
- Warum nur bin ich immer so ungeduldig, so stürmisch?
- Hätte ich nur Nein gesagt.
- Hätte ich nur mehr Durchhaltevermögen, mehr Disziplin besessen.
- Hätte ich mich doch mehr angestrengt.
- Hätte ich mich doch besser konzentriert.
- Hätte ich mir für diese Entscheidung mehr Zeit gelassen.

- Hätte ich doch die Wahrheit gesprochen.
- Hätte ich doch ausnahmsweise einmal gelogen, nur eine kleine Notlüge.
- Wäre ich nur selbstbewusster aufgetreten.
- Wäre ich doch risikofreudiger gewesen.
- Hätte ich bloß nicht weggeschaut.
- Wäre ich doch sparsamer gewesen.
- Wäre ich bloß großzügiger gewesen.
- Hätte ich doch mehr Humor bewiesen.
- Wäre ich gelassener geblieben.
- Hätte ich mich mehr beeilt.
- Wenn ich doch nur meine wahrhaftige Wahrheit gesprochen hätte.
- Wenn ich ihm nur geglaubt hätte.
- Wenn ich ihm doch nicht geglaubt hätte.
- Wenn ich damals schon gewusst hätte, was ich heute weiß.
- Wäre ich doch treu geblieben.
- Warum nur bin ich treu geblieben?
- Warum war ich immer so ehrlich?
- Warum habe ich nicht auf meine Intuition gehört, ich habe es doch genau gespürt?
- Warum bin ich nicht früher gegangen?
- Warum bin ich nicht länger geblieben?
- Warum habe ich mich nicht heimlich davongeschlichen?
- Warum habe ich geschwiegen?
- Warum habe ich es niemandem erzählt?
- Warum habe ich es der falschen Person erzählt?
- Warum habe ich ihr vertraut?
- Warum habe ich ihr nicht vertraut?
- Warum habe ich mir nicht mehr Zeit für sie genommen?
- Warum habe ich mir nicht mehr Zeit für mich genommen?

- Ich hätte weitermachen sollen.
- Ich hätte aufhören sollen.
- Ich hätte hartnäckiger sein sollen.
- Ich hätte es als Zeichen sehen und einen anderen Weg einschlagen sollen.
- Ich hätte den Brief beantworten sollen.
- Ich hätte den Brief nicht beantworten sollen.
- Ich hätte den Brief schneller, langsamer, anders beantworten sollen.
- Ich hätte mir einen Anwalt nehmen sollen.
- Ich hätte mir einen anderen Anwalt nehmen sollen.
- Hätte ich nur vorher eine Versicherung abgeschlossen.
- Warum habe ich vorher eine Versicherung abgeschlossen?
- Warum habe ich diese Versicherung nicht gekündigt?
- Ich hätte von Anfang an strenger sein sollen.
- Ich hätte von Anfang an liebevoller sein sollen.
- Ich hätte mich klarer ausdrücken müssen.
- Ich hätte weniger sprechen sollen, mehr sprechen sollen.
- Ich hätte mich scheiden lassen sollen, mich nicht scheiden lassen sollen.
- Ich hätte links abbiegen sollen, rechts abbiegen sollen.
  Usw.

Wir möchten dich an etwas erinnern, das du tief in deinem Herzen immer wusstest, dass du nur manchmal vergisst in den Momenten, in denen deine innere Löwin aufhört zu schnurren. Ja, wir möchten dich nicht nur erinnern, wir möchten dir gratulieren.

Wir gratulieren dir zu deinem Mut,
zu deinem Mut
zur „falschen" Entscheidung!

Für die Person, die du damals warst, war es die richtige Entscheidung. Deine Seele dürstete nach den dadurch gewonnenen Erfahrungen. Durch deinen Mut tanztest du in dem Wissen, dass sie nicht existiert: die falsche Entscheidung.

Manchmal war gerade die falsche Entscheidung die einzig richtige, dich deiner Seele näherzubringen.

Deine Löwin einen riesigen Sprung wagen zu lassen, indem sie sich und dich über alles emporhob, was ihr jemals zuvor gewesen seid. Vielleicht war gerade diese falsche Entscheidung der Beginn der Reise zu dir selbst, der Beginn eines Abenteuers, in dem du Facetten von dir, vom Leben, der Welt begegnetest, die für immer im Verborgenen geschlummert hätten, hättest du nicht den Mut zum „falschen" Weg in dir getragen.

Der Mut zum „falschen" Weg wusch dich,
schuf neue Form und
ermöglichte Evolution.

Der Mut zum „falschen" Weg führte dich vielleicht manchmal entlang eines kleinen Pfades, den kaum jemand zuvor beschritten hatte und der dich besonders exotische, ungewöhnliche, seltene, einzigartige Erfahrungen sammeln ließ.

Er führte dich entlang eines Pfades, der dich deine innerste Individualität spüren ließ, und manchmal auch entlang eines Pfades, der als „verboten" galt, als risikoreich, ja, vielleicht sogar als unehrenhaft, der dir jedoch die allergrößte Freude bereitete und auf dem du vielleicht ein Vorreiter, eine Vorreiterin für deine Zeitgenossen warst.

Denn häufig sind es die Mutigsten unter euch, die zu ihren Lebzeiten am kritischsten hinterfragt werden.

Manchmal, wenn wir flüsternd mit einigen von euch plaudern, fragen wir euch, um euch nahe zu sein und weil unser freundschaftliches Interesse an euch so unendlich groß ist: Welche Erfahrungen, geliebter Freund, geliebte Freundin, hast du in deinem bisherigen Leben am allermeisten genossen?

Sehr oft antwortet ihr uns: Nun, es war genau das Beschreiten der Wege, vor denen mich alle gewarnt hatten: „Reise nicht in dieses Land, es ist dort gefährlich." „Gehe nicht in die berufliche Selbständigkeit, nicht in Zeiten wie diesen. Du wirst es eines Tages bitter bereuen und deine gesamte Sicherheit verlieren!"

Mit leuchtenden Augen berichtet ihr uns bald darauf von Dschungelwanderungen und unzähligen unvergesslichen Erlebnissen inmitten dieses „gefährlichen Landes", in dem ihr euch von Gott getragen fühltet und das ihr euer Leben lang in eurem Herzen tragen werdet. Strahlend erblüht ihr in eurem Traumberuf, in den ihr euch niemals hineingewagt hättet, wenn ihr auf eure gut meinenden Weggefährten gehört hättet.

Ja, vielleicht habt ihr euch im Dschungel verlaufen, vielleicht hattet ihr in der ersten Phase eurer Freiberuflichkeit weniger Einnahmen. Aber ist letztendlich nicht alles gut gegangen?

MANCHMAL bringt der Mut zum „falschen" Weg Farbe in euer Leben, Kreativität, Neues, Möglichkeiten, von denen ihr zuvor nicht einmal geahnt hattet, dass es sie gibt.

MANCHMAL entpuppen sich diese „falschen“ Wege als genau das, was euer Leben wahrhaftig lebenswert macht.

NIEMALS wärst du die Person, die du heute bist, wenn du nicht genau die Entscheidungen getroffen hättest, die damals niemand verstand, vielleicht nicht einmal du selbst.

MANCHMAL bewirkt der „falsche“ Weg eine unbeschreibliche Beschleunigung in deinem Leben, manchmal eine unglaubliche Beschwingtheit.

MANCHMAL war es genauso wichtig, genauso göttlich, das, was du gerne getan hättest, nicht zu tun.

Kannst du dir vorstellen, dass du an dieser Weggabelung, an die du noch heute manchmal denkst, in einem Paralleluniversum genau die andere Entscheidung getroffen hast? Dass du nichts versäumt hast? Dass alles gleichzeitig geschieht, weil Gott und du, weil du und Gott, um so vieles wunderbarer seid, als dein logischer Verstand es jemals greifen könnte?

Kannst du dir vorstellen, dass der Schritt, den du damals nicht getätigt hast, in einem Paralleluniversum bereits geschehen ist?

Wie würde es deinen jetzt gewählten Weg verändern, wenn du wüsstest, nichts versäumt zu haben?

Wir lieben ihn, deinen Mut zum „falschen“ Weg,
so, wie wir alles an dir lieben!

Manche von uns wurden gerade durch das Beschreiten des

„falschen“ Weges in die Wege der Meisterschaft eingeweiht, für andere war es der letzte Meilenstein auf dem Weg der Meisterwerdung, anmutig Schritt für Schritt den „falschen“ Weg gegangen zu sein und allem, was ihnen auf eben diesem Weg begegnete, mit dem Lächeln der Zuversicht zu begegnen.

Der Mut zum falschen Weg führte einige von uns zu genau den Herausforderungen und Offenbarungen, die uns den Weg gewiesen haben, alle Wesen, das gesamte Universum, die ganze Existenz lieben zu lernen.

Dieser Mut führte uns dahin, Gott auch in den herausragendsten Situationen vertrauen zu lernen, über die Größe, die wir in uns gefunden hatten, hinauszuwachsen und unsere Löwin jederzeit schnurren lassen zu können.

Der Mut zum falschen Weg führte uns auf den Berggipfel des „Dein Wille geschehe“.

Der Mut zum falschen Weg führte uns an den Ort, an dem wir in Gewissheit ruhen.

Alle Wege führen zu Gott.
Alle Wege sind göttlich.

Die Erfüllung deiner Sehnsüchte

Vielleicht erfüllt dich eine kleine Trauer, vielleicht auch mehr als eine kleine Trauer, wann immer wir von Sehnsüchten, Visionen und dem Leben deiner höchsten Wahrheit sprechen. Vielleicht gleicht dein Gefühl eher einer matten Hoffnungslosigkeit oder du denkst: „Ich weiß ja, was es ist, jedoch erscheint es mir so unerreichbar."

Vielleicht nimmst du aber auch pulsierende Energieströmungen wahr, die in deinem Körper aktiviert werden, sobald du Kontakt zu dem energetischen Zustand aufnimmst, in dem du dich befindest, wann immer du ein weiteres Mosaiksteinchen deines Potenzials, deines göttlichen Vordrucks, deiner vielseitig schillernden Fähigkeiten aktiviert hast.

Wo auch immer auf deiner Lebensreise du dich gerade befindest, möchten wir nun zu dir über das Wandeln in deinen Visionen sprechen.

Wenn sich die Erfüllung deiner Visionen noch Lichtjahre von dir entfernt zu befinden scheint, möchten wir dich unterstützen, diese mehr und mehr in deine greifbare Nähe zu manifestieren. Wenn du schon mitten in deiner höchsten Vision lebst, möchten wir mit dir den Genuss dessen zelebrieren.

Solltest du sagen: „Ich kann meine Sehnsüchte nicht wahrnehmen. Der Alltag und mein Überlebenskampf fressen mich auf, der Druck, funktionieren zu müssen, ist so groß, dass ich nicht mehr über meinen Tellerrand hinausblicken kann."

Solltest du dieses empfinden, fragen wir dich, ob du bereit bist, dich auf ein kleines Experiment einzulassen?

Wenn deine Antwort „Ja" lautet, bitten wir dich lediglich um einen Hauch der Bereitschaft, dich an das Flüstern innerhalb deines eigenen Herzens zu erinnern. Wir bitten dich lediglich um einen Hauch der Bereitschaft, die Möglichkeit in Betracht zu ziehen, dass auch innerhalb deines Herzens ein solches Flüstern vorhanden sein könnte.

Wir sehen die Existenz dieses Flüsterns.

Wir wissen, dass es noch vorhanden ist, auch dann, wenn du es schon verloren glaubtest. In keinem lebendigen menschlichen Herzen kann das Flüstern gänzlich erloschen sein. So du lebst, so du atmest, so dein Herz schlägt, befindet sich in deinem Innersten ein tiefes Wissen um deinen Platz auf Erden, das auch dann nicht erlischt, wenn es von der gesamten äußeren Existenz hinterfragt zu werden scheint.

Es ist ein Wissen, das dir niemals jemand nehmen kann, dem du in deiner Kindheit nahe warst, bei dem die Erwachsenen vielleicht schmunzelten, ein Wissen, das sich manchmal vielleicht etwas verrückt, etwas hoch gegriffen, etwas unerreichbar anfühlt, so, als würdest du nach den Sternen greifen.

Es ist ein Wissen, dem du in einem Moment deines Lebens nahe warst, in dem plötzlich alles um dich herum still war. Ein Wissen, das auf deinen alleinigen Spaziergängen in der Natur näherzurücken scheint und sich dir in der verschlüsselten Sprache deiner Träume wieder nähert.

Es ist ein Wissen, das dir innerhalb deiner jetzigen irdischen Manifestation Identität gibt. Vielleicht ist es zunächst ein trauriges Flüstern, weil ihm schon seit geraumer Zeit keine Bedeutung mehr geschenkt worden ist, vielleicht möchten erst Tränen fließen, nie gelebte Sehnsüchte ausgesprochen werden, für die es nun zu spät zu sein scheint. Vielleicht ist ein Gefühl in dir, als wolltest du an jeder vergangenen Weggabelung, die nun für dich wie eine für immer versäumte Weggabelung erscheint, einen Grabstein setzen für die oder denjenigen in dir, die oder der im Vorbeischreiten an dieser Weggabelung gestorben zu sein schien, noch bevor er oder sie überhaupt hatte geboren werden können.

Vielleicht möchten diese versäumt geglaubten Möglichkeiten zunächst von dir zeremoniell betrauert werden.

In bewusst gelebter Trauer
liegt eine unbeschreibliche Kraft!

Nach dem Winter der Trauer, der keine langatmige, erdrückende Jahreszeit zu sein braucht, den du in aller Intensität dich durchfließen lassen kannst, nach diesem Winter kannst du den Frühling deiner neuen Möglichkeiten entdecken.

Sobald du dich zu einer deiner Visionen, zu einer deiner Sehnsüchte bekennst, sobald deine Vision dein „Ja" zu ihrer Existenz erhalten hat, hast du bereits den ersten Schritt zu ihrer Verwirklichung getan, bist du bereits an der Weggabelung abgebogen, die Verwirklichung dieser Vision manifest werden zu lassen.

Das Leben weiß bereits, WIE das geschehen wird, es kennt bereits alle verschiedenartigen Möglichkeiten, durch die diese Sehnsucht in die Materie gebracht werden wird. Gott kennt das WIE, die Göttliche Quelle kennt das WIE, und du – darfst dich überraschen und dich vom Leben zum Tanz auffordern lassen.

Wenn du möchtest, sind wir deine Reisebegleiter. Wir tragen die Landkarte, übersetzen die Speisekarte, und sollten dich Momente des Zweifels heimsuchen, lesen wir dir aus den Weisheitsbüchern deines Höheren Selbst vor, deren Existenz du in Momenten vorübergehender Verzweiflung manchmal vergisst.

JA!

Während dieses ersten Schritts ist das Erteilen der bloßen Existenzberechtigung deines Traums das Einzige, ja, wir wiederholen es noch einmal: das Einzige, das von dir zu tun ist! Der zweite Schritt wird sich daraus ergeben, wird vom Fluss des Lebens an dich herangetragen werden. So einfach darf es sein!

Das einzig Wichtige ist nun deine Achtsamkeit bezüglich der Zeichen, die du erhalten wirst und die du dich in Zeiten, in denen du innerlich noch gegen deinen Wunsch ankämpftest, zu übersehen gezwungen hast. Vielleicht gab es in deinem Leben Zeiten, in denen dieser Wunsch nicht vorhanden sein durfte. Vielleicht gab es Zeiten, in denen du dich gezwungen hast zu glauben, du hättest bereits vergessen oder verdrängt, was du in deinem Leben wahrhaftig erfahren wolltest.

Wenn du uns die Erlaubnis erteilst, werden wir uns gerne räuspern, uns auf eine für dich hörbare Weise räuspern, und dir gerne einen sanften, liebevollen Stups in die Rippengegend erteilen, damit wir dich auf die Zeichen hinweisen dürfen, die du vielleicht aus Gewohnheit unbewusst noch gerne vergessen möchtest.

Hierfür erbitten wir jedoch zuerst deine Erlaubnis, denn ohne diese dürfen wir nicht handeln, nicht in die von dir frei gewählten irdischen Gesetzmäßigkeiten des freien Willens eingreifen.

JA!

Sonst ist nach der soeben gewählten Weggabelung nichts zu tun. Du wirst ein Zeichen erhalten, eine Einladung des Lebens, der Göttlichen Quelle, bei Erhalt dieses Zeichens den zweiten Schritt zu tätigen.

Diesen zweiten Schritt zu tun, kann manches Mal Mut erfordern. Vielleicht tätigst du ihn voller Herzklopfen, vielleicht mit zitternden Knien, vielleicht die Resultate fürchtend, vielleicht diese waghalsige Entscheidung vorübergehend bereuend. Vielleicht magnetisierst du zunächst Reflektionen deiner Mitwelt, die dich dazu führen könnten, deinen Schritt zu hinterfragen und dich vorübergehend auf eine vielleicht in dir noch vorhandene Restunsicherheit hinweisen könnten. Vielleicht betrachtest du dadurch die Situation so, als würden dein Glaube, deine Willenskraft, deine Entschlossenheit getestet.

VIELLEICHT fällt dir der zweite Schritt aber auch unbeschreiblich leicht. Vielleicht fällt ein riesiger Felsbrocken von deinen Schultern.

VIELLEICHT handelt es sich um einen beinahe unscheinbar anmutenden Moment, in dem du dich vielleicht fragst: Warum habe ich so lange gewartet?

VIELLEICHT erhältst du das Zeichen für den wichtigen zweiten Schritt, du erkennst es und weißt: Jetzt, jetzt endlich ist der große Moment, diesen Schritt zu tun, den Schritt, auf den mein ganzes bisheriges Leben mich vorbereitet hat – und du tust ihn nicht.

Du lässt die Chance vorüberziehen.

Was geschieht dann?

NICHTS!

Das Leben wird dir eine zweite und eine dritte Chance schenken, und wenn du so lange warten möchtest, auch eine zwanzigste! DU entscheidest! Du entscheidest, so lange zu warten, bis DU bereit bist! Und niemand wertet dich, es sei denn, du tust es selbst. Niemand ist von dir enttäuscht, es sei denn, du bist es.

Du bist frei, frei,
dein Tempo zu wählen.

Es existiert keinerlei Grund, den Zeitraum nicht zu genießen, diesen Zeitraum bis zu dem Moment, in dem DU bereit bist, das Zeichen, den zweiten Schritt zu tun, anzunehmen.

Warum solltest du diese Zeit bis zur Tätigung des zweiten Schrittes nicht genießen? Das geschieht nur, wenn du Zweifel hast, denen du Macht einräumst.

Dies geschieht nur dann, wenn du dein jetziges Leben wertest. Die Göttliche Quelle wertet es nicht, wir werten es nicht.

Du bist frei.
Es gibt keinerlei strafende Instanz.

Es geht um deine Erfahrung,
um den Wunsch deines Höheren Selbst.

Du entscheidest.
Du bestimmst das Tempo.
Du genießt die Reise.

Niemandem gegenüber bist du verpflichtet, dich zu beeilen, auch nicht denen gegenüber, die die Süße der Trauben deiner Wunscherfüllung kosten dürfen.

Die Früchte werden
zum richtigen Zeitpunkt reif sein.

Du kannst dich zurücklehnen und die Reise genießen.

Nachdem du den ersten Schritt getan hast, den Schritt der inneren Erlaubnis, der Erkenntnis, des liebevollen Umarmens deiner persönlichen Vision, gibt es auch nichts, was du aufgeben, was du ändern müsstest, nichts, wovon du dich verabschieden müsstest, es sei denn, DU willst es so.

Du entscheidest.

Du, dein Höheres Selbst, bist gleichzeitig der Dirigent deines Lebens und das Orchester. Du brauchst dein Leben nicht umzufärben, nachdem du deine Vision erkannt hast. Sei präsent, während sich dein Leben wie von selbst in seiner Farbe zu ändern beginnt. Warum solltest du dir nicht die Erlaubnis erteilen, jede einzelne Farbschattierung zu genießen? Warum nicht?

Vielleicht ist dir das sogar dann möglich, ja, vielleicht gerade dann, wenn dein jetziges Leben in nichts dem zu gleichen scheint, was du erfahren möchtest. Wenn diese beiden Leben nichts miteinander gemeinsam haben. Lass deine Visionen die Schablone sein, die deinem jetzigen Leben aufgelegt werden und an die sich dein jetziges Leben mehr und mehr annähern darf.

VIELLEICHT möchtest du täglich ein bisschen Zeit in deiner imaginären Welt verbringen.

VIELLEICHT möchtest du täglich für einige Minuten in der Vision um dein neues Leben baden.

VIELLEICHT möchtest du es jetzt schon genießen, in dem Vertrauen, in dem Wissen verankert, dass es dir bestimmt ist, dass das Leben es dir schenken wird.

VIELLEICHT möchtest du die Sonnenstrahlen auf deiner Haut spüren, während du den Tanz dieses neuen Lebens tanzt.

VIELLEICHT möchtest du die Freude in deinem Herzen wahrnehmen, vielleicht siehst du dich mitten in diesem neuen Leben. Die Farben, die Klänge, die Düfte ...

Sollten dich währenddessen Ängste oder Zweifel heimsuchen, atme die Versuchung aus, diese Macht über dich einzuräumen. Ein einziger deiner positiven Gedanken oder Gefühle ist kraftvoller als Tausende deiner Ängste und Zweifel.

VIELLEICHT möchtest du dich jetzt schon mit diesem visionären Leben vertraut machen, vielleicht ist es deine Art, dich auf dieses vorzubereiten.

VIELLEICHT darf die Vorstellung deines Lebens für einige Momente dem Bad in einem Meer gleichen, im Meer des Lebens.

VIELLEICHT befindest du dich inmitten eines roten Wassers innerhalb deines jetzigen Lebens. Wann immer du dein neues Leben visualisierst, dir Raum für deinen Traum gibst, dir selbst die Erlaubnis erteilst, diese Sehnsucht real werden zu lassen, wird azurblaues Wasser aus dem für dich vielleicht unerreichbar erscheinenden Traumlebensmeer in dein Lebensmeer gegossen. Jedes Mal färbt sich dein Leben ein bisschen mehr violett. Zunächst geschieht es unmerklich, bald wird es immer deutlicher sichtbar. Mehr und mehr azurblaues Wasser fließt täglich in dein Lebensmeer. Deine Umgebung färbt sich in einen immer tieferen Violett-Ton hinein, bis sie schließlich vollkommen azurblau ist; bis du, zunächst unmerklich, mehr und mehr in dein neues Leben eingetaucht wirst, bis es sich geradezu über dich ergießt. Du schwimmst im Meer deiner Träume.

So wird es auch in deinem irdischen Leben geschehen. Je mehr Raum du deinem Traum, deiner Vision gibst, während du dabei in deiner völligen Präsenz das Bad in der derzeitigen Farbe deines Lebensmeeres genießt, während du, wann immer du willst,

JA

zum nächsten Zeichen des Lebens, zum nächsten Schritt sagst und gelegentlich, wann immer du es entscheidest, den ein oder anderen Sprung ins Neue zulässt, desto mehr werden dein jetziges und dein Traumleben miteinander verschmelzen.

Eines Tages wirst du feststellen, dass deine Füße mitten in

diesem neuen Leben ihre Schritte tun, und der so liebenswerte Teil in dir, der während der Reise gelegentlich zweifelte, wird sich vielleicht ein bisschen wundern, dass es tatsächlich so leicht war.

Der Fluss des Lebens trägt dich in deine Bestimmung, wann immer du dich nicht am Ufer festhältst, um die natürliche Bewegung des Lebens innehalten zu lassen.

Die Lichtwesen der Zukunft – Die neue Generation

Unsere folgenden Worte sind in ganz besonderer Weise an den Tempel innerhalb eures Herzens adressiert, an den Ort, den ihr in der Stille und Gedankenlosigkeit eurer Meditationen erfahrt. Wir laden euch ein, die Welt eures Herzens aufzusuchen und zunächst die Gesamtheit dieses Kapitels auf euer Innerstes wirken zu lassen.

Die Verschmelzung der Dimensionen geschieht in vielfältigster Weise. Sie verläuft keineswegs als Einbahnstraße. Es ist nicht so, dass ihr euch den höher schwingenden Dimensionen nähert, ohne dass ein energetischer Fluss in eure Richtung stattfindet. Wäre das der Fall, könntet ihr den Eindruck gewinnen, es gäbe eine Instanz, die eure Dimension als weniger kostbar werten würde.

Nein, eure Dimension ist aus unserer Sicht mit unbeschreiblicher Schönheit gesegnet, und wir alle denken in liebevoller Verbundenheit an unsere physisch erfahrenen Tage auf Erden.

Innerhalb dieser immer erfahrbarer werdenden Verschmelzung der Dimensionen werdet ihr weitere „Gäste“ empfangen: Wesen einer anderen Dimension, die sich erstmalig auf die für euch bekannte Weise physisch inkarnieren werden, denn zusätzlich zu der Liebe und dem Verzeihen, zusätzlich zur Annahme und Akzeptanz, zum Erkennen und zur Ebenbürtigkeit wird Weiteres den Wandel auf Erden unterstützen.

Weitere Tänzer begeben sich auf die Bühne, um eine gänzlich neue Energie auf Erden zu bringen:

Die Lichtwesen der Zukunft, die noch nie zuvor auf Erden inkarniert waren und noch, als Gruppenbewusstsein auf einer anderen Dimensionsebene befindlich, auf ihr baldiges Leben auf Erden vorbereitet werden.

Wir möchten euch wissen lassen, dass sich diese Wesen bereits unendlich darauf freuen, den irdischen Tanz mit euch zu tanzen und dem Planeten Erde besondere, euch bisher noch nicht oder kaum bekannte Frequenzen zu schenken.

Seit Jahrtausenden und Aberjahrtausenden reinkarnieren Seelen auf Erden, die zuvor bereits im Irdischen gewandelt sind. Viele von euch waren schon etliche Male auf Erden, bringen dadurch vielleicht eine gewisse Müdigkeit mit, manchmal gar eine gewisse Erschöpfung oder ein wenig Sarkasmus. Manche von euch kehren mit mehr, andere mit weniger Geduld zur Erde zurück, viele noch immer mit unendlicher Geduld.

Ihr Seelen, die ihr schon viele Male wiedergekehrt seid: Viele von euch, ja, wir können sogar sagen, die meisten von euch bringen einen berührenden Enthusiasmus mit, eine berührende Motivation zu dienen, zu lieben, zu geben. Im Verlauf eurer Inkarnationen verstrickten sich viele von euch ein wenig – die einen mehr, die anderen weniger.

Diese Verstrickungen konnten gelegentlich euren Fokus zerstreuen. Existenzängste, Verlustängste, Ängste vor Krankheit und Tod, Beziehungsthemen, aber auch Geltungsdrang, Themen um Macht und Ohnmacht, die Furcht vor einer möglichen Sinnlosigkeit zogen euch vorübergehend in ihren Bann.

*Denn vor etwas über 20.000 Jahren
habt ihr als Menschheit
eine kollektive Entscheidung getroffen.*

Oder vielleicht sollten wir uns korrigieren: Vor etwas mehr als 20.000 Jahren haben wir als Menschheit eine kollektive Entscheidung getroffen, denn damals wandelten wir, die Aufgestiegenen Meister und Meisterinnen, noch mitten unter euch auf Erden.

Die Entscheidung geschah in Zeiten Lemuriens, in die sich manche von euch noch bewusst oder unbewusst zurücksehnen, weil sie für euch das Paradies waren.

VIELLEICHT wurde euch übermittelt, die Menschheit sei von Gott aus diesem Paradies verbannt worden, weil sie „gesündigt", weil das eine Geschlecht das andere „verführt" habe, und weil das andere dem einen Geschlecht nicht habe „widerstehen" können.

VIELLEICHT wurde euch übermittelt, es habe sich um Gottes Strafe oder um einen Weg, euch zu besseren Menschen zu formen, gehandelt.

Es ist unser Ansinnen, euch unsere Sichtweise dieser Geschichte vermitteln zu dürfen.

NIEMALS grollte uns Gott.
NIEMALS strafte uns Gott.
NIEMALS maßregelte uns Gott.
NIEMALS verbannte uns Gott.

In all der seither verstrichenen Zeit wich Gott uns und euch niemals von der Seite.

In diesen damaligen Zeiten, über die wir nun mit euch plaudern möchten, lebtet ihr, lebten wir, lebte die Menschheit als ungeteilter friedvoller Stamm im Einheitsbewusstsein, innerhalb eines Rhythmus, eines Taktes: ein Herzschlag, ein Atemzug, ein Augenaufschlag, ein Traum, eine Vision, eine Liebe, eine Familie.

Sie lebte im Einklang mit den Zyklen des Mondes, des Meeres, der Natur, verbunden mit dem Herzschlag der Erde, ihren Atem spürend, als Teil der Natur – unzertrennlich miteinander verbunden. Der Mensch war der Fisch, den er aß, die Luft, die er atmete, das Wasser, das er trank, die Frucht des Leibes, die er gebar.

Es gab kein „Du" und „Ich".

Es gab zwar eine verbale Sprache, jedoch war es nicht notwendig, diese verlautbar werden zu lassen, denn alle Menschen waren über Herztelepathie miteinander verbunden.

Das Ich, als das du inkarniert warst, schaute das Ich, als das du in deinem Gegenüber inkarniert warst, an, und in seinen, in deinen Gesichtszügen erkanntet ihr, die ihr wie ein Wesen wart, jede kleinste Gefühlsregung, jeden Gedanken, alles, was hätte gesagt werden können.

Die Sprache glich eher einem Gesang, der ob seiner bloßen Schönheit zum Klingen gebracht wurde, um die Göttliche Quelle zu huldigen, um Dank, Liebe, Wertschätzung, Zelebrieren und die unendlichen Facetten der Freude auszudrücken.

Dieser Gesang war in tiefer Harmonie mit dem Rauschen der Wellen, dem Gesang der Wale, dem Flüstern der Bäume, dem Herzschlag der Erde und der Menschen, den Rhythmen der Wehen einer Gebärenden und den Abschiedsatemzügen eines Sterbenden.

Ihr und wir lauschten den Sprachen der Sterne, der Bäume, die in der heutigen Zeit für viele seit langem in Vergessenheit geraten sind; wir lauschten dem Flüstern der Erde, als deren körperliche Erweiterung wir uns empfanden, ohne jemals darüber sinniert zu haben.

Die Sprache der Tiere war uns ebenso vertraut wie unsere menschliche.

Eine Schwelle zwischen Ich und Du, zwischen Innen und Außen existierte nicht.

Eine Grenze zwischen Mensch und Natur, Mensch und Tier existierte nicht.

Eine Grenze zwischen spiritueller und irdischer Welt existierte nicht.

Es gab keinen Anfang und kein Ende.

Es existierte einzig die Unendlichkeit. Es gab keine Trennungsillusion zwischen Gott und uns, zwischen Leben und Tod. Lange bevor eine Seele physisch geboren wurde, sahen wir sie, hörten wir sie, kommunizierten wir mit ihr, lange nachdem eine Seele aus dem physischen Leben gegangen war, sahen wir sie, hörten wir sie, kommunizierten wir mit ihr.

Es gab keine Trennung.

Somit gab es keine Überraschungen, keine Geheimnisse, keine Trennung zwischen Freude und Leid, Klang und Stille, Schmerz und Ekstase, wir erfuhren alle alles.

Es konnte keine neue Erfahrung geben, denn alles, was einer von uns einmal erfahren hatte, hatten alle von uns erfahren. Alles, woran sich einer von uns erinnerte, wurde von allen erinnert.

Niemals waren wir einsam, niemals befanden wir uns in der Trennungsillusion von Gott, nie waren wir isoliert, nie verloren – und gerade dadurch verloren wir uns vielleicht. Vielleicht verloren wir uns ineinander. Denn eins schwand: das Gefühl einer Identität.

Das Gefühl jenseits einer kollektiven Identität.

Von Geburt an, von unserem ersten Atemzug an, von Geburt bis zum Hinüberschreiten, vom Hinüberschreiten bis zur nächsten Geburt, vom Embryo bis zum Greis wandelten wir im Licht, wandelten wir in göttlichem Bewusstsein, in vollkommener Bewusstheit, dass wir göttlicher Natur waren und immer sein würden, dass wir und alles um uns göttliche Unendlichkeit, göttliche Unsterblichkeit verkörperten.

Wenn uns unser Antlitz aus dem Fluss heraus anlächelte, während wir in diesen blickten, sahen wir Gott, in den Augen unseres Bruders sahen wir Gott, im Sternenhimmel, im Wasserfall, im nächtlichen Gesang der Wölfe, im Antlitz des Mondes – wir sahen Gott, eingebettet in Gott als Gott.

Es gab nichts anderes als Gott. Es hatte nie etwas anderes gegeben als Gott. Es würde nie etwas anderes geben als Gott.

Würde es nie etwas anderes geben als Gott?

Erinnerst du dich, was geschah?

Ahnst du, was geschah, wonach wir uns sehnten?

Gott war und ist alles. Gott war und ist auch freier Wille. Ein freier Wille, den wir nie hinterfragen, ein freier Wille, in dem wir nicht ahnten, nicht erfassten, was er bedeutete. Ein freier Wille, den wir nie definierten, weil wir vergessen hatten, dass es ihn gab.

Ein kollektives Vergessen.
Niemand von uns erinnerte sich.
Einer von uns erinnerte sich. Alle von uns erinnerten sich.

Für alle von uns war es innerhalb des gleichen Moments so, als sei die Erinnerung immer vorhanden gewesen, als sei dieser freie Wille niemals vergessen worden.

In dem Atemzug, in dem das ICH, das alles war, was es gab, sich an den freien Willen erinnerte, wurde das ICH zum WIR.

In dem Moment, in dem der freie Wille erinnert, geboren, wiedergeboren wurde, gab es nicht mehr „einen freien Willen“, sondern so viele freie Willen, wie es Menschen gab.

Der menschliche Wille
schien nicht mehr gleich mit dem göttlichen Willen.

Bis zu diesem Moment war

dein Wille geschehe = mein Wille geschehe,
mein Wille geschehe = Gottes Wille geschehe,

doch ab diesem Moment schien dies nicht mehr immer der Fall zu sein. Die Trennungsillusion war entstanden. Vielleicht erinnerst du dich? Vielleicht ist der Moment davor genau der Zeitpunkt, nach dem du dich manchmal sehnst, wenn du wehmütig wirst, kurz aufseufzt und dich an eine ferne Vergangenheit erinnerst, die du vielleicht nicht mehr genau definieren kannst?

Diese Trennungsillusion war kein Zufall, kein Fehler, kein Versehen. Sie entstand nicht gegen Gottes Willen.

Auch diese Trennungsillusion war Gottes Wille.
Auch diese Trennungsillusion war göttlicher Natur.

Denn alle Wesen hatten sich als ein Wesen genau dieses gewünscht.

Ab der Sekunde, in der ICH sich an den freien Willen erinnerte, ab der Sekunde, in der ICH Trennung erfahren wollte, gab es sie nicht mehr, die Herztelepathie, in der keine Tonsprache, keine Klangsprache notwendig war, die Verbundenheit mit dem Herzschlag, mit dem Atem, mit dem Gesang der Erde, mit dem Gesang der Wale, mit dem Urton des Universums, mit dem Flüstern Gottes.

Ab dieser Sekunde gab es Trennung, Dunkelheit, Nacht; die kollektive dunkelste Nacht der Seele hatte begonnen, und mit ihr die kollektive Reise der Existenz, aus der Trennungsillusion heraus wieder in die Erfahrung der Einheit zu erwachen, sich an die Einheit zu erinnern, in ihr aufzugehen, in ihr aufzublühen.

Die Reise zum

dein Wille geschehe = mein Wille geschehe,
mein Wille geschehe = Gottes Wille geschehe

hatte begonnen. Nicht zurück zu diesem Seinszustand, sondern in den transformierten, einen zuvor nie dagewesenen Seinszustand.

Die Reise fand statt über die Wegstrecke des

„Nicht mein Wille geschehe,
sondern dein Wille geschehe"

=

der höhere, der göttliche Wille geschehe.

Diese Reise, auf der du dich auch heute noch befindest, auf der wir uns befinden, auf der sich die Menschheit befindet und auf der Gott sich ekstatisch erfährt, hatte begonnen. Auf dieser Reise erfährt Gott in jedem Moment, dass sich wieder ein weiterer Aspekt von ihm in ihn zurückergießt, bis er sich, sie sich, ihr euch, wir uns wieder als vollkommene Ganzheit erfahren – als vollkommene Ganzheit, und doch anders als zuvor.

Somit befindet sich die gesamte Existenz
auf einer Reise ins Licht.

Die Reise begann im Licht, und die Reise kehrt zurück ins Licht, und während dieser Reise ist die Existenz gesegnet, indem verschiedene Facetten der Illusion der Dunkelheit erfahren werden können, um sich innerhalb dieser als Licht zu erinnern und zu erleben.

Die Existenz transformiert sich in die reifere Form des zuvor Dagewesenen. Zuvor war sie, war ICH das Licht, das die Dunkelheit nicht kannte, sondern ausgeblendet hatte. Nun wird sie zum Licht, das die Dunkelheit erfahren und transformiert hat. Ihr und wir, ICH, hatten uns entschieden, uns dieser Erfahrung hinzugeben, uns innerhalb dieser Erfahrung an alle Aspekte unseres Selbst zu erinnern, den zuvor nicht beleuchteten Schatten der Dunkelheit in Licht zu transformieren.

Wir teilten uns, um gemeinsam alle Facetten der Illusion der Dunkelheit zu erfahren. Wir teilten uns, um gemeinsam das Licht zu verkörpern, um nicht ausschließlich im Angesicht des Lichts das Licht zu sein, sondern im Angesicht der Trennungsillusion, der Dunkelheit, als Licht zu verweilen.

Wir entschieden uns, uns an das Licht im anderen und in uns selbst zu erinnern, auch wenn ein Teil des ICH dieses Licht, das L-ICH-T, vergessen hatte.

Wir begaben uns auf ein Abenteuer, das sich über Jahrtausende erstrecken sollte. Auch wenn unsere bewussten Anteile es vergessen hatten: Zeit ist eine Illusion, und so war es für uns von keinerlei Wichtigkeit, wie lange es dauern würde, bis wir wieder zueinander zurückkehren konnten.

Wir hatten uns auf das
Abenteuer der Dualität eingelassen.

Nun bewegen wir uns Schicht um Schicht gleichzeitig wieder zurück und voraus in etwas zuvor noch nie in dieser Form Dagewesene. Auf der Reise während dieses Abenteuers haben wir uns vielleicht Wunden zugezogen, aber was sind Wunden? Die Seele ist unsterblich, unverletzlich, unverwundbar.

Zuvor waren wir im Licht, jedoch in einer gewissen Unbewusstheit. Der Schatten existierte für uns nicht.

Bei der Vollendung der Reise, des Abenteuers, sind wir im Licht, bewusst im Licht, wir sehen den Schatten, wir haben ihn gemeistert, sind durch ihn hindurch und ruhen in immerwährender Gewissheit:

Ich bin das Licht,

ob ich von Licht oder von Schatten umgeben bin,
ob ich von Licht oder Dunkelheit umgeben bin.

Manche deiner Erfahrungen, die du als schwer, schmerzlich, beinahe unerträglich empfunden hattest, dienten vielleicht deiner Erfahrung, auch im Angesicht des Dunklen, des Schattens, das Licht zu sein.

VIELLEICHT erfuhrst du dich in der Rolle des Opfers, vielleicht in der Rolle des Leidenden, der Entbehrenden, vielleicht in starken körperlichen Schmerzen, vielleicht wurdest du belogen, betrogen, verschmäht.

VIELLEICHT wähltest du diese Erfahrungen auf deiner Reise in den Seinszustand, in dem du weißt, losgelöst von allen vermeintlich äußeren Geschehnissen: Ich bin das Licht, ich bin eins mit Gott, ich bin eins mit Allem-was-ist, eins mit meinem Bruder, meiner Schwester. In dem Moment, in dem wir uns alle daran erinnert haben, sind wir gemeinsam in einem transformierten aufgestiegenen Paradies des Lichts, in dem Schmerz nichts mehr ist als eine blasse Erinnerung an den Weg der Illusionen, den wir, ICH, gewählt hatten, um in dieses neue Paradies zu pilgern.

VIELLEICHT sind der Schmerz, der Hunger, das Leid, die Krankheit mancher deiner irdischen Geschwister für diese der schnellste und der in Freiwilligkeit und Größe gewählte Weg in eben dieses neue transformierte Paradies jenseits jeden Schattens?

VIELLEICHT stellen einige der für dich unerträglich aussehenden Schmerzen die Abkürzung mancher Menschen zu diesem Paradies dar, nachdem ICH sich schon seit langem in Absichtslosigkeit sehnte?

Dennoch wisse: Im Angesicht dieses Schmerzes bist du jederzeit frei, wandelnde Barmherzigkeit zu verkörpern, du schmälerst die Größe deiner Schwester, deines Bruders nicht, wenn du ihr Leid erleichterst oder gänzlich transformierst.

Sei das Licht
im Angesicht von allem, was dir begegnet.

Dies wird die Heimkehr des ICH niemals verzögern, denn durch dein Erinnern an und durch dein Aufblühen in Barmherzigkeit wird die Heimkehr des ICH befreit und ermöglicht.

So wie du, so wie ihr, wir, so wie das ICH den Weg der vorübergehenden Erfahrung der Dualität wählten, gibt es auch Wesen, die diesen Weg nicht wählten und die wir, um ihnen einen Namen zu geben, die Lichtwesen der Zukunft nennen möchten.

Jene Lichtwesen waren zu der Zeit, in der sich das irdische Kollektiv an den freien Willen erinnerte, nicht auf Erden inkarniert.

Sie befanden sich in einer Dimension, die der Schwingung in den Dimensionen der Engelwelt gleicht, jedoch waren sie im Gegensatz zur Engelwelt weniger mit der Menschheit und dem Irdischen in bewusstem Kontakt.

Sie befanden sich in einem ekstatischen Tanz der Glückseligkeit, und das irdische Tun war ihnen zu dieser Zeit fremd, es entzog sich ihrer damaligen Erfahrungsebene.

In all der Zeit, in der ihr, in der wir, in der unser Kollektiv sich innerhalb der Dualität befand, um das innere Licht im Angesicht des Schattens zu erwecken und zu entfachen, befanden sich die Lichtwesen der Zukunft im „Licht innerhalb des Lichts".

Somit wählten sie einen anderen Weg,
um das gleiche Ziel zu erreichen.

Stellt euch einen großen Kreis vor, der vielleicht auf dem Boden in den Sand gemalt wurde. An einem beliebigen Punkt auf diesem Kreis befindet sich eine Gruppe von Menschen, die sich entscheidet, entlang des Umrisses dieses Kreises den gegenüber befindlichen Punkt zu erreichen.

Ein Teil der Gruppe entscheidet sich, links herum, der andere Teil, rechts herum zu schreiten.

Die eine Gruppe wandelt entlang der linken Kreishälfte, die andere Gruppe entlang der rechten.

Sie wandeln entlang dieses Kreises und erreichen im gleichen Tempo das gleiche Ziel, während sie unterschiedlichste Dinge erfahren und betrachten.

Eine der beiden Kreishälften führt durch den Schatten und ermöglicht es, auch im Angesicht des Schattens das Licht zu verkörpern und somit das innere Licht zu stärken, die andere Kreishälfte ermöglicht das Wandeln im Licht und das Verkörpern des Lichts innerhalb des Lichts, somit das Licht stärkend.

Beide Halbkreise stärken das Licht. Beide Halbkreise führen an den gleichen Ort. So, als würden zwei Gruppen von einer Seite des Mondes zur anderen wandeln. Die eine Gruppe wandelte entlang der von der Sonne beschienen Hälfte, die andere entlang der im Schatten befindlichen Hälfte des Mondes.

Damit ist keiner der Halbkreise besser oder schlechter, wichtiger oder unwichtiger. Jeder fördert und bringt andere Qualitäten hervor.

Jene, die die eine Kreishälfte beschritten haben, können unendlich viel von der Gruppe lernen, die die andere Kreishälfte beschritten hat und diese gleichzeitig viel lehren.

Dieser Austausch erspart es beiden Gruppen, jeweils die andere Kreishälfte beschreiten zu müssen, um die komplette Erfahrung des Kreises verinnerlicht zu haben. So können beide Gruppen früher gemeinsam innerhalb ihres gemeinsam erschlossenen Paradieses aufblühen.

Diese Erfahrung könnt ihr mit den Lichtwesen der neuen Generation teilen. Ihr könnt euch austauschen und so anstatt die zweite Hälfte des Kreises zu beschreiten, früher in eurer überfließenden Lebendigkeit in Gott ruhen.

Euer Geschenk an diejenigen, die im Angesicht des Lichts das Licht verkörperten, an die Lichtwesen der neuen Generation, ist die Weisheit im Angesicht der Facetten der Welt, eine erfahrene väterlich-mütterliche Erdung, Weltgewandtheit, Reife und Klugheit.

Das Geschenk der neuen Generationen, der Lichtwesen der Zukunft, ist eine nicht in Worte zu kleidende, unbeschreiblich hohe Schwingung, Optimismus, Positivität, Hoffnung, Inspiration, und sobald sie ihr Erwachsenenalter erreicht haben, die Fähigkeit für euch, unglaublich erscheinende, höchstentwickelte Technologien der Zukunft zu empfangen und diese auf Erden im Sinn des Lichts umzusetzen und anzuwenden.

TECHNOLOGIEN, die nicht nur das Überleben der Menschheit auf Erden sichern, sondern dieser ein hochqualitatives Leben ermöglichen.

TECHNOLOGIEN, die es der Erde erleichtern werden, euch Menschen zu tragen, zu versorgen und zu nähren und die der Erde ekstatische, freudvolle Erfahrung dessen ermöglichen.

TECHNOLOGIEN, von denen ihr heute noch nicht zu träumen wagt.

TECHNOLOGIEN, die es der Erde ermöglichen, sich zusätzlich von den Anstrengungen der vergangenen Jahrhunderte zu erholen und sich gründlich zu entgiften; und die es euch Menschen ermöglichen, auf natürliche und ökologische Weise den Traum wahr werden zu lassen, dass alle Münder auf Erden in Fülle genährt werden und immer mehr als genug übrig sein wird.

Auch wird allein die Schwingung, die die neue Generation durch ihre bloße Präsenz auf Erden verankern wird, energetisch so viel verändern, dass die momentan noch vorhandenen Blockaden zur Umsetzung der barmherzigen Menschlichkeit im angewandten Sinn dahinschmelzen und Raum für neue Gesetzmäßigkeiten geschaffen wird.

Die menschliche Evolutions- und Entwicklungswelle, die innerhalb dieser zwanzig bis fünfundzwanzig Jahre und darüber hinaus stattfindet und stattfinden wird, erfüllt uns auf unbeschreibliche Weise.

Der Austausch, der zwischen euch und den Lichtwesen der Zukunft möglich ist, beinhaltet die Genialität perfekt aufeinander abgestimmter „Magnetismen".

Ihr seid das Schloss, die Lichtwesen der neuen Generation sind die perfekt passenden Schlüssel. Gemeinsam öffnet ihr die Tür in ein Neues Zeitalter.

Sowohl durch den Mut, der notwendig war, sich den Schatten und der Dunkelheit zu stellen, als auch durch die facettenreichen

Qualitäten, die ihr während eurer Reise entwickelt habt, seid ihr bereichert und unendlich bereichernd. Die Schwingungen und Geschenke dieser sich bald auf Erden physisch verkörpernden Lichtwesen werden in ebensolchem Ausmaß bereichernd für euch sein.

Diese soeben beschriebenen Lichtwesen werden die Kinder sein, die ab 2012 auf Erden geboren werden und sich in den folgenden Jahrzehnten auf Erden entwickeln. Diese werden das sich auf Erden bereits entwickelnde Bewusstsein bereichern und in seiner Schwingung weiterhin erhöhen.

Natürlich werden sich auf Erden weiterhin Seelen inkarnieren, die bereits Inkarnationen auf Erden hatten. Etwa 10% aller Kinder, die ab 2012 geboren werden, werden den Lichtwesen der neuen Generation angehören.

WIR MÖCHTEN BETONEN: Sie sind nicht „besser“, lediglich anders und kommen mit einem besonderen Auftrag zur Erde.

Solltest du jemand sein, der oder die ein Kind empfängt, das in Vorleben bereits auf Erden war, so ist das ein ebenso kostbares Geschenk wie das Empfangen eines sich erstmalig physisch inkarnierenden Lichtwesens. Wieder bitten wir euch, nicht zu werten.

Keinesfalls betrachten wir sie als die „Retter“ der Erde, als die, auf die die Erde, auf die die Menschheit gewartet hat.

Keinesfalls würden wir euch bitten, innezuhalten und auf sie zu warten.

Wir betrachten sie als zusätzliches Licht am Horizont, zusätzlich zu all dem bereits vorhandenen und dem euch bevorstehenden Segen.

Wir sagen: Ihr tut euren Anteil, sie tätigen den ihren. Gemeinsam ergänzt ihr einander. Gemeinsam tragt ihr das Potenzial, das Höchste zu orchestrieren. Ihr „helft“ den Lichtwesen der neuen Generation in gleicher Intensität, wie es umgekehrt der Fall ist.

Die Lichtwesen der neuen Generation kommen erstmalig zur Erde. Irdische Aspekte wie die Schwerkraft, die Notwendigkeit der Nahrungsaufnahme, die Unterschiede zwischen männlich und weiblich, die Sexualität werden vollkommen neuartig für diese liebenswerten Wesen sein, und sie werden eine besonders einfühlsame Einführung eurerseits in die irdische Dimension benötigen.

Wir wünschen euch eine ebenso intensive Vorfreude auf die Lichtwesen der Zukunft, die der Freude gleichen möge, die diese Wesen bezüglich eures baldigen Aufeinandertreffens bereits empfinden.

Dein Sein

Es ist unser Herzensanliegen zu betonen, dass alles an und in dir uns willkommen ist. Keiner deiner Schatten könnte uns zu dunkel sein, niemals würde auch dein hellstes Leuchten uns blenden.

Wie eine Mutter ihr Neugeborenes liebt, noch bevor es sich zu dem Wesen entpuppt hat, in das es sich einmal hineinentwickeln wird, ist auch unsere Liebe zu dir unendlich.

Wann immer wir mit dir über deine Meisterschaft plaudern, über das Erklimmen des Berggipfels, entspringt dies unserem Sehnen, dir eine Oase sein zu dürfen, dir die Wege ins Paradies zu weisen, Welten an dein Bewusstsein heranzutragen, von denen du zuvor vielleicht nichts ahntest, das Erfüllendste, was wir gefunden haben, mit denen, die wir lieben, zu teilen.

WIR LIEBEN DICH, ob in deiner Freude oder in deinem Schmerz, ob erwacht oder im Tiefschlaf, wir lieben dich, ob du uns als deine besten Freunde erachtest, unsere Existenz anzweifelst oder diese vielleicht für unmöglich betrachtest.

WIR LIEBEN DICH in deiner Verzweiflung und in deiner Erlösung, wir lieben dich, ob du unter dem Sternenhimmel am Lagerfeuer ein Nachtmahl bereitest, eingebettet in die Klänge der Natur, oder inmitten der Lichter der Großstadt deiner Karriere nachgehst.

Unsere Liebe zu dir existiert seit der Unendlichkeit, bis in die Unendlichkeit. In unserer Mitte bist du willkommen, jederzeit und in jeder Facette deines Seins.

Welchen Weg du auch gegangen sein magst, er führte dich zu uns, wenn du das möchtest. Wenn wir dir willkommen sind, bist du uns willkommen. Du bist eingeladen, in unserer Mitte zu verweilen, ohne vorher dich oder dein Heim zu schmücken. Zeige uns dein Gesicht, wir sind da, um deine Tränen zu trocknen.

Wir lieben die Tränen der Freude
und die der Trauer.

Wenn du den Berg ausschließlich bestiegen hast, um uns nahe zu sein, wenn du ihn uns zuliebe, Gott zuliebe bestiegen hast und nicht zu deiner eigenen Freude und Erfüllung, nicht weil dein Herz dich rief, nicht weil es der Wunsch deiner Wünsche war, bitten wir dich: Verweile am Fuß des Berges, an dem wir dich ebenso inniglich umarmen werden, wie wir es auf dem Gipfel getan hätten.

Nie tue etwas unsertwillen,
folge einzig
dem Ruf deines Herzens

Wir flüstern, um dir dein Herz nahezubringen. Wir möchten dir unsere Freundschaft schenken, wenn wir willkommen sind, deine Reisebegleiter sein, nicht aber möchten wir dein Weg sein.

Ebenbürtig, Antlitz in Antlitz, Seite an Seite, möchten wir den Tanz der Dimensionen mit dir tanzen und die Schönheit der Existenz mit dir zelebrieren.

In unserer Liebe
bist du bereits angekommen.

Nachwort

Das Tor zu dem Ort, an dem du dem Flüstern der Meister lauschen kannst, ist die Liebe und Reinheit deines eigenen Herzens.

Wenn du es zusätzlich als nährend empfindest, Botschaften der Meister zu lesen, bist du herzlich auf meiner Homepage willkommen, auf der ich einige der Botschaften, die ich in den vergangenen Jahren von den Aufgestiegenen Meistern erhalten habe, zusammengestellt habe und die ich monatlich mit einer neuen aktuellen Botschaft ergänze.

www.channeling-healing.com

Vielleicht können diese Botschaften wie eine Brücke sein, über die du schreitest.

Ich wünsche dir viel Freude, Berührtheit und Transformation durch das Flüstern der Meister.

Rhiannon

Angelika Balde

Das Buch der Schöpfer

128 Seiten, vierfarbig, mit 16 Karten in Stulpbox

ISBN 978-3-941363-39-7

Dieses Kartenset, durchgegeben von den 15 Gefährten der „Galaktischen Förderation, hilft der Erde und somit uns Menschen bei ihrem Heilungsprozess, um den Regenbogenweg von der Vierten in die Fünfte Dimension zu beschreiten.

Der Regenbogen ist eine Brücke der göttlichen Kreativität, geführt von Erzengel Michael, und wir selbst, jeder für sich, wählen unseren individuellen Weg.

Am Ende des Weges werden wir an der Pforte der Neuen Zeit als bewusst gewordener Schöpfer mit unserem einzigartigen Erfahrungsschatz willkommen geheißen.

„Willkommen im Goldenen Zeitalter!"

Kerstin Simoné

Thoth – Die Sinfonie der Schöpfung

CD, Lauflänge ca. 70 Minuten

ISBN 978-3-941363-51-9

Thoth übermittelt uns mit dieser sehr einzigartigen und intensiven Möglichkeit der Frequenzmeditation die Fähigkeit, zu spüren, dass WIR, die Quelle, das Universum und die Erde EINS sind.

Erfahre die Reaktivierung des Lichtkörpers und zeitgleich die bewusste Ausrichtung des neuen Herzzentrums, des Kristallchakras, das den Frequenzen der neuen Menschheitsära angeglichen wird. Die uns innewohnenden Werkzeuge werden hierbei noch einmal intensiviert, sodass letztendlich ein vollkommen neu ausgerichtetes Niveau der bewussten Wahrnehmung entsteht.

„Der Urklang der Unendlichkeit der Schöpfung wird in euch erklingen und euch ungeahnte Pforten der Weisheit offenbaren."